매일 프랑스어 회화

김선미 · 허진 지음

Apprendre le français pour les débutants

음성파일
mp3 무료다운로드
www.shinasa.co.kr

신아사

머리말

세계화, 국제화 시대라 일컫는 오늘날 누구에게나 한 가지 이상의 외국어 습득은 일반인으로의 중요한 덕목이 되었다. 하지만 왜 굳이 프랑스어이어야 하는 것일까?

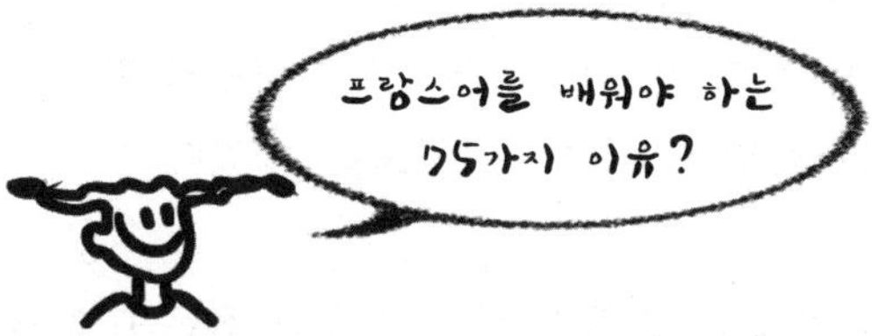

미국 펜실바니아주 쿠츠타운(Kutztown) 대학교, 호주의 에디스 코완(Edith Cowan) 대학교 및 태즈메이니아(Tasmania)대학교의 홈페이지에 "프랑스어를 배워야 하는 75가지 이유"(Why Should you Study French? There are more than 75 good reasons!)라는 제목의 글이 실렸었는데, 우리는 이와 유사한 내용의 글들을 프랑스 외무성 홈페이지와 파리언어학교(Ecole de Langues) 홈페이지 등지에서도 쉽게 찾아볼 수 있다. 그 중 몇 가지를 발췌하여 소개하면, "프랑스어는 UN(국제연합)의 공식언어 중 하나이다", "프랑스어는 전 세계 40여 나라에서 실제로 통용되고 있는 언어이다", "프랑스어는 전 세계에서 영어 다음으로 가장 많이 배워지는 외국어이다", "영어 어휘의 50% 정도가 프랑스어에서 유래된 것이다", "아프리카 지역에서 프랑스어를 사용하는 지역의 총면적은 미국보다 넓다", "인터넷 점유율 세계 3위의 언어이다", "사회·패션·과학·금융 등에 관한 수준 높은 인터넷 사이트 중에는 프랑스어로 만들어진 것이 많기 때문에 프랑스어를 알면 인터넷을 더 잘 활용할 수 있다" 등이 있다.

그 밖에도 프랑스나 프랑스어 사용지역에 위치하고 있는 국제기구의 본부와 주요기관들을 살펴본다면, 프랑스 파리에는 OECD(경제협력개발기구) 본부, 유네스코(UNESCO) 본부, 세계박람회사무국(BIE)의 본부가 주재해 있으며, 스위스 로잔에는 국제올림픽위원회(IOC)의 본부가 있고, 국제적십자위원회 본부도 스위스 제네바에 위치해 있다. 그리고 특히 현재 서방 27개국이 가입된 유럽연합(EU)의 입법부에 해당되는 유럽의회(EP) 본부는 프랑스 스트라스부르에 있으며, 유럽연합의사당 역시 프랑스어를 상용하는 벨기에의 수도 브뤼셀에 위치해 있고, 유럽연합사무국과 유럽재판소도 인구의 97%가 프랑스어에 익숙하며, 특히 입법분야 공식언어로 사용되고 있는 룩셈부르크에 소재하고 있다. 이러한 점을 비추어 볼 때, 국제어로서의 프랑스어의 위상을 가히 짐작할 수 있을 것이다. 어쨌든 위와 같은 이유와 함께,

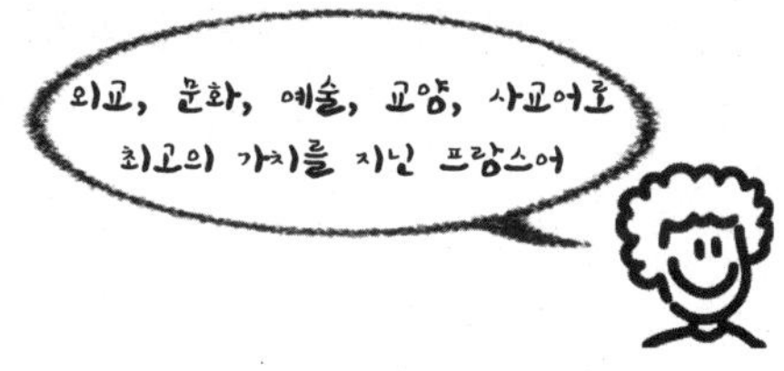

같은 값이면 다홍치마라고 외교·문화·예술·교양·사교 언어로서 활용가치가 높은 프랑스어를 배우려는 사람들이 점차 많아지는 것은 전혀 놀라운 사실이 아니다.

이 책은 어느 정도 프랑스어 문법을 공부한 사람들이 이제 본격적으로 회화능력을 습득하고자 결심하고 출발하는 경우를 염두에 두고 만들어진 책이긴 하지만, 입문자에게도 좋은 프랑스어 길잡이가 될 것이다. 그래서 우선 일상생활에서 꼭 필요로 하는 기초적인 회화 표현들을 20개의 테마별로 나누어 정리함으로써 기본적인 단어들과 회화표현들을 익힐 수 있도록 하였고, 더 나아가 각 테마마다 두 개의 대화상황을 제시함으로써 다양한 실제상황에서 응용할 수 있는 능력을 키울 수 있도록 하였다.

독자들이 이 책을 쉽게 접근하여 활용할 수 있도록 저자가 특히 배려한 점은 다음과 같다.

첫째, 프랑스어 발음을 우리말로 표기하였다. 프랑스어를 처음 시작하는 사람들이 가장 어려워하는 것 중의 하나가 발음이다. 그래서 비록 정확히 일치하는 한글표기를 찾기는 어렵더라도 최대한의 근사치를 제시하고자 노력하였다. 우리말 표기와 음성파일을 비교하면서 반복하여 듣다 보면 자연스럽게 프랑스어 발음과 회화에 익숙해질 것이다.

둘째, 각 회화에 사용된 동사들의 동사변화표를 발음법과 함께 제시해주었다. 사실 프랑스어 학습자들에게 있어서 가장 익숙해지기 어려운 것 중의 하나가 바로 동사의 변화이다. 주어와 시제에 따라 변화하는 프랑스어의 동사변화에 익숙해진다면 여러분은 이미 상당한 수준에 이르렀다고 말할 수 있을 것이다.

셋째, "스피드 문법"이라는 항목을 두어 기초적인 프랑스어 문법들을 다양한 예문들과 함께 자세히 설명함으로써, 이 교재를 기본문법서로도 활용할 수 있게 하였다.

마지막으로, 각 테마의 끝에 "프랑스어와 문화이야기"라는 코너를 두어 프랑스 언어와 관련된 생활 속 이야기를 짧고 재미있게 소개함으로써 프랑스어에 더 친근감을 가질 수 있게 하였다. 또 "세 나라 언어로 보는 격언 한마디" 코너에서는 프랑스어, 영어, 한국어에서 공통으로 사용되는 격언들을 정리해 보았다.

아무쪼록 이 책이 프랑스어 회화를 익히려는 많은 독자들에게 작으나마 도움이 되기를 바라며, 기꺼이 출판을 맡아주신 신아사의 정현걸 사장님께 깊이 감사드린다.

지은이_**김선미 · 허진**

차례

음성파일
mp3 무료다운로드
www.shinasa.co.kr

www.shinasa.co.kr 에서 다운받으세요.

Leçon	표현	문법
Leçon 1 Bonjour!	인사, 안부 묻기와 대답	주격대명사, 강세형 인칭대명사, 프랑스어 동사의 종류, aller동사
Leçon 2 Je m'appelle Paul.	이름 묻기와 대답, 타인소개, 국적과 출신	목적격대명사, 관사, 모음자 축약, 1군동사 aimer 동사 변화형, avoir동사 & être 동사 변화형
Leçon 3 Je suis étudiant.	직업 묻기와 대답, 구사언어	명사의 성, 명사 복수형, 동사의 부정문, 의문사 que, faire동사
Leçon 4 D'où êtes-vous?	사는 곳 묻고 대답, 장소 묻기, 선호도	장소 의문부사 où, 소유형용사, 전치사 + 정관사 축약, 전치사 + 국가명
Leçon 5 Il est grand et beau.	외향과 성격묘사, 사람 묻기	형용사의 성, 형용사 복수형, 의문사 qui, être동사 + 속사
Leçon 6 Il y a une chambre.	방과 위치 묘사, 명령구문, 의문구문	il y a의 의미, 명령문, 의문문 직접목적격 대명사, 부정의 de
Leçon 7 Je suis libre.	근접미래 구문, 숫자 묻고 대답, 주문	aller + 동사원형의 두 가지 의미, 수사, vouloir동사, prendre동사
Leçon 8 Elle a quel âge?	나이 묻고 대답, 과거와 동시성 표현	의문형용사, 지시형용사, 복합과거, 강세형 인칭대명사 용법, 현재분사와 제롱디프 비교, voir동사, dire동사
Leçon 9 Quelle heure est-il?	시간에 관한 표현, 요일·날짜· 달 표현, 약속 정하기	시간표현, 무관사 용법, devoir동사, pouvoir동사
Leçon 10 Quel temps fait-il?	날씨 묻고 대답, 4계절 표현, 여러 가지 활동 표현	전치사 en과 à의 구분, 수량표현(1) 수량부사 + de + 명사

Leçon 0 프랑스어 알파베 & 발음법

1. 프랑스어 알파베

알아 두세요 !

프랑스어 발음을 한글로 표기하는 데는 상당한 어려움이 있고, 완전 일치표기는 불가한 경우가 많지만, 프랑스어를 처음 배우는 학습자의 편의를 위하여 최대한 가까운 한글식 표기를 찾아 병기하였으니 참조하기 바랍니다.

알파베	발음	발음설명
A	[아]	
B	[베]	위아래 입술을 붙였다 떼면서 [베] 발음한다
C	[쎄]	
D	[데]	
E	[으]	입모양은 '우'로 하고 소리는 [으]로 한다.
F	[에프]	[~프]할 때 윗니가 아랫입술을 깨문 듯 닿은 상태여야 제대로 발음된다.
G	[졔]	입모양은 '우'로 하고 소리는 [졔]에 가깝게 한다.
H	[아슈]	입모양은 '우'로 하고 소리는 [스]로 한다.
I	[이]	
J	[지]	입모양은 '우'로 하고 소리는 [쥐]에 가깝게 한다.
K	[까]	[꺄]에 가깝다.
L	[엘르]	
M	[엠므]	
N	[엔느]	

O	[오]	
P	[뻬]	위아래입술을 붙였다 떼면서 [뻬] 한다.
Q	[뀌]	입모양 '우' 소리는 [이]
R	[에~흐]	[흐] 소리 날 때 목젖이 떨린다. 우리말로 '크~흔' 할 때 나는 [ㅎ] 소리와 비슷하다. ☞ 본서에서는 경우에 따라 [ㅎ] 또는 [ㄹ]로 표기한다.
S	[에쓰]	
T	[떼]	
U	[위]	입모양은 '우'로하고 소리는 [이] 한다.
V	[베]	윗니를 아랫입술에 댄 상태에서 [베] 한다.
W	[두블르베]	
X	[잌쓰]	
Y	[이그렉]	
Z	[제드]	

2. 프랑스어 철자 읽는 법

① 모음자 발음법

철자	발음	보기
a / à / â	[아]	**papa** [빠빠]
i / î / y	[이]	**ici** [이씨], **pyjama** [삐쟈마]
o / ô au / eau	[오]	**moto** [모또] **aussi** [오씨], **beau** [보]
u / ù	[위] ('우' 입모양+[이] 소리)	**tu** [뛰]
oi	[우아]	**toi** [뚜아], **revoir** [흐부아르] ☞ (예외) **oignon** [오뇽] (우아뇽 X)
ou	[우]	**vous** [부]

ai, ei	[애] ☞ 본서에서는 [에]로 표기	**maison** [메종], **neige** [네쥬]
e (단어 끝) e + 자음 + 모음	[으] (묵음)	**le** [르], **de** [드], **ce** [쓰] **cela** [쓸라]
e + 자음 + 자음	[애] ☞ 본서에서는 [에]로 표기	**merci** [메흐씨], **elle** [엘]
e + 자음 (단어 끝) ☞ 동사변화형 -es, 명사와 형용사의 복수형 -es 등은 제외된다.	[에]	**et** [에], **papier** [빠삐예]
é / è / ê	[에] 또는 [애] ☞ 본서에서는 [에]로 표기	**café** [까페], **être** [에트흐]
eu / œu	[워] 또는 [으] ('우' 입모양 + [으] 소리)	**peu** [쀄], **deux** [둬]
eur / œur euse	[워-흐] ('우' 입모양 + [에] 소리) [워-흐즈]	**heure** [워-흐], **sœur** [쒀-흐] **chanteuse** [셩뚸즈]

② 철자 m, n의 발음법

철자		발음	보기
mm nn		[m] [n]	**coréen** [꼬레앵] → **coréenne** [꼬레엔느]
m + 모음 n + 모음		[m] [n]	**américain** [아메리깽] → **américaine** [아메리껜느]
m + 자음 n + 자음 ☞ 모음 + m, 모음 + n으로 단어가 끝나는 경우도 해당된다.	an / am en / em	[엉] ☞ [앙]보다는 [엉]에 가깝게 낸다.	**enfant** [엉펑], **champs** [셩] **temps** [떵], **encore** [엉꼬-흐]
	on / om	[옹]	**bon** [봉], **nom** [농]
	ion	[이용]	**question** [께스티용] (☞ u 묵음)
	in / im ain / aim yn / ym ein / ien un / um	[앵] ☞입을 크게 벌리고 비강음을 섞어서 [앙]에 가까울 정도로 [앵]을 발음한다.	**simple** [쌩플], **demain** [드맹], **bien** [비앵], **parfum** [빠르팽] 부정관사 un [엉] 또는 [앵] 둘 다 가능
	oin	[우앵]	**loin** [루앵]

③ 반모음 [j] 발음

철자	발음	보기
i / y	[이 + 복모음화] ☞뒤따르는 모음을 복모음화 한다.	**piano** [피야노] **voyage** [부아야-쥬], **yeux** [이유으]
ille	[이으]	**fille** [피으], **juillet** [쥬이예] ☞예외) ville [빌]
ail / aille	[아이으]	**travail** [트라바이으]
eil / eille	[에이으]	**soleil** [쏠레이으]
euille	[워이으]	**feuille** [풔이으]
œil	[어이으]	**œil** [어이으]

④ 유의해야 할 자음자의 발음들

철자		발음	보기
c	+ a, o, u	[ㄲ]	**café** [까페]
	+ e, i	[ㅆ]	**ce** [쓰]
g	+ a, o, u	[ㄱ]	**garçon** [갸흐쏭] ☞철자 Ç : 항상 [ㅆ]로 읽음
	+ e, i	[ㅈ]	**ange** [엉쥬]
gu (☞ u 묵음)		[ㄱ]	**baguette** [바게뜨] (바궤뜨 X), **langue** [렁그] (렁귀 X)
qu (☞ u 묵음)		[ㄲ]	**qui** [끼] (뀌 X), **question** [께스티용] (꿰쓰티용 X) ☞ 영어와 달리, 알파베 이름 Q/q [ky] ≠ 단어속 철자 읽는법 [k]
ph		[ㅍ]	**philosophie** [필로조피]
모음 + s + 모음		[ㅈ]	**rose** [호-즈]
tion		[티용]	**question** [께쓰티용]
x		[s]	**dix** [디쓰]
		[z]	**dixième** [디지옘]
		[ks]	**taxe** [딱쓰]
		[gz]	**exercice** [에그제흐씨쓰]
sc		[s]	**science** [씨영쓰]
		[sk]	**sculpture** [쓰뀔뛰-흐] (☞ p 묵음)

⑤ 그 밖에 알아둘 발음 규칙

▸ 철자

프랑스어에서 h는 무음 h와 유음 h로 구분되는데, 둘 다 h에 해당하는 음성은 없다. 무음 h는 완전히 없는 철자처럼 취급되고, 유음 h는 프랑스어 사전에 보면 특수문자 '†'가 h 앞에 표시되어 있는데, 이것은 자음처럼 기능하여 축약이 일어나지 않는다. 그러나 유음 h도 무음 h와 마찬가지로 발음되는 음은 없다.

☞ **무음** h : l'**h**omme [롬므]

☞ **유음** h : le **h**éros [르 에호]

▸ 프랑스어의 단어 끝 자음은 대부분 발음이 안 되지만, c, r, f, l, q 는 종종 발음되기도 하므로 주의한다.

chi**c** [쉬끄], me**r** [메-흐], neu**f** [눠프], norma**l** [노흐말], cin**q** [쌩끄]

▸ 명사, 형용사, 관사의 복수의 어미 -s는 연음으로 인해 [z]로 발음되는 경우를 제외하고는 발음되지 않는다.

▸ 14쪽 연음법 참조할 것.

▸ 인칭에 따른 동사변화에서 볼 수 있는 어말의 -s는 발음되지 않는다.

tu travaille**s** [뛰 트라바이으]

nous travaillon**s** [누 트라바이용]

3. 모음자 축약

프랑스어에서는 인칭대명사와 동사, 정관사와 모음이나 무음 h로 시작되는 명사 등에서 모음자 축약이 일어난다.

je + **a**ime ⇒ J'aime [잼므]

je + **h**abite ⇒ J'habite [쟈비뜨]

le + **e**nfant ⇒ l'enfant [렁펑]

le + **h**omme ⇒ l'homme [롬므]

la + **é**cole ⇒ l'école [레꼴]

4. 연음법

앞 단어의 마지막 자음과 모음으로 시작되는 다음 단어와 이어서 읽는다.

☞ 본서에서는 연음이 일어나는 부분에는 '‿'로 표시하고, 장음부분은 한글발음표기 [ ]안에 '-'로 표시한다.

① 관사‿(형용사)‿명사로 이어질 때.

un‿appartement [엉‿나빠흐뜨멍]

↳ 'n' → [n]로 연음.

☞ **un [엉], en [엉], on [옹] 등의 단어는 비음을 간직한 채 [n]음이 연음된다.**

un petit‿**a**ppartement [엉 쁘띠‿따빠흐뜨멍]

↳ 't' → [t]로 연음.

les petits‿**a**mis [레 쁘띠‿자미]

↳ 's' → [z]로 연음.

② 인칭대명사‿모음 또는 무음h로 시작되는 동사가 이어질 때.

Vous‿**ê**tes [부‿젤]

↳ 's' → [z]로 연음.

③ 관사 (un, des, les)‿모음 또는 무음 h로 시작되는 단어로 이어질 때.

un‿homme [엉‿놈므]

↳ 'n' → [n]로 연음.

des‿hommes [데‿좀므]

↳ 's'→ [z]로 연음.

les‿amis [레‿자미]

↳ 's' → [z]로 연음.

☞ 주의! '접속사 et + 모음 / 무음 h로 시작되는 단어'일지라도 연음을 하지 않는다.

un‿homme et / une femme [엉‿놈므 에 / 윈 팜므]

Leçon 1 Bonjour!

안녕하세요!

Conversation I

Monsieur Bonjour madame!

Madame Bonjour monsieur! Vous allez bien?

Monsieur Oui, je vais très bien, merci et vous?

Madame Moi aussi, je vais très bien, merci.

Monsieur Au revoir, madame!

Madame Au revoir, monsieur!

남자 안녕하세요, 부인?
여자 안녕하세요! 잘 지내세요?
남자 예, 잘 지내요, 고마워요. 그런데 당신은요?
여자 저도 아주 잘 지내요, 고마워요.
남자 안녕히 가세요, 부인.
여자 안녕히 가세요.

Conversation II

Sylvie Salut Paul. Ça va?

Paul Bien merci. Et toi?

Sylvie Oh, ça va... A bientôt!

Paul A bientôt!

실비 안녕, 폴? 잘 지내?
폴 응, 잘 지내. 너는?
실비 응, 잘 지내. 나중에 보자!
폴 나중에 봐!

단어 & 표현

leçon [르쏭] n.f. 강의, 교재의 과(課)

un [엉] 하나의, (서수적 용법) 제1의

- Leçon 1 [르쏭 엉] 제1과

☞ 기수가 서수적으로 쓰일 경우 : 여성명사 뒤에서도 변화하지 않고 un을 그대로 쓴다. ▸수사 : 7과 스피드 문법 참조

conversation [꽁베흐싸씨용] n.f. 대화, 회화

bonjour [봉쥬-흐] n.m. (낮인사) 안녕하세요

madame [마담] n.f. (기혼여성 또는 중년여성에 대한 경칭) 부인

monsieur [머씨유으] n.m. (남자에 대한 경칭) ~씨(氏)

vous [부] ① (2인칭 단수에 대한 경칭) 당신은 ② (2인칭 복수) 너희들은, 당신들은

aller [알레] 가다, 지내다 / vous allez [부‿잘레]

bien [비앵] 잘

oui [위이] (긍정적 대답) 예

- mais oui! [메 위이] 그럼요!
- Bien sûr! [비앵 쒸흐] 물론!

non [농] (부정적 대답) 아니오

- mais non! [메 농] 천만에요!

je [쥬] 나, 저

☞ 모음 또는 무음 h로 시작하는 단어 바로 앞에 올 때는 생략되어 j'가 된다.

très [트레] 아주

merci [메흐씨] n.m. (감사의 말) 고맙습니다

- Merci bien! [메흐씨 비앵] 대단히 고맙습니다.
- Merci beaucoup! [메흐씨 보꾸] 대단히 고맙습니다.

et [에] 그리고

moi [모아] (je의 강세형) 나, 저

aussi [오씨] 또한, 역시

Au revoir ! [오 흐부아-흐] (헤어질 때 인사) 안녕히 가세요!

Sylvie [씰비] 여자이름

Paul [뽈] 남자이름

Salut ! [쌀뤼] n.m. (만나거나 헤어질 때 인사) 안녕!

Ça va? [싸바↗] (안부인사) 잘 지내시죠?

Ça va [싸바↘] (안부인사에 대한 대답) 잘 지내요.

- ça [싸] 사물 · 상황을 지칭하여 이것, 그것
- va [바] 지내다.

toi [뚜아] (tu의 강세형) 너

☞ Tu는 말을 하는 사람 입장에서 아랫사람이나 가족, 친구, 친지 또는 친한 사이에서 사용한다. ▸스피드 문법 참조

Oh [오] 놀라움, 감탄, 초조의 표현

A bientôt ! [아 비앵또] 나중에 봐요!

A tout à l'heure ! [아 뚜‿딸‿뤄-흐] 이따 봐요!

A demain ! [아 드맹] 내일 봐요!

➩ 스피드 문법

[1] 주격 대명사

		단 수	복 수
1인칭		Je [쥬] (I) 나는	Nous [누] (We) 우리는
2인칭		Tu [뛰] (You) 너는	Vous [부] (You) 당신(들)은, 너희들은
3인칭	남성	Il [일] (He / It) 그는, 그것은	Ils [일] (They) 그들은, 그것들은
	여성	Elle [엘] (She / It) 그녀는, 그것은	Elles [엘] (They) 그녀들은, 그것들은

z **주의** 프랑스어에서는 사람과 사물을 구별하지 않고 명사가 남성단수이면 Il, 여성단수이면 Elle, 남성복수이면 Ils, 여성복수이면 Elles로 표현한다. 남녀혼성으로 구성된 경우는 남성복수 Ils을 사용한다.

[2] 강세형 인칭대명사 (▸8과 스피드 문법 참조)

z je ⇒ moi [모아] (나)
tu ⇒ toi [뚜아] (너)
il ⇒ lui [뤼이] (그)
ils ⇒ eux [으] (그들) ☞[으] 발음할 때는 입모양 '우'
☞ nous, vous, elle, elles 약세형과 강세형의 형태 차이 없음.

☞ "너와 나"라는 프랑스어 표현은 Toi et Moi [뚜아 에 모아] 이다.
Moi의 발음은 [무아]보다 [모아]에 가깝게 발음하자.

▸ 단독 혹은 접속사, 전치사, 부사 등과 결합하여 쓰인다.

Et toi? [에 뚜아] 그리고 너는?
Et vous? [에 부] 그리고 당신은?
Moi aussi. [모아 오씨] 나도 역시 그래요.
C'est toi, Paul? [쎄 뚜아, 뽈] 폴, 너니?
Venez avec lui. [브네 아벡 뤼이] 그와 함께 오세요.

[3] 프랑스어 동사의 종류

▸ 프랑스어는 동사의 어미 형태와 변화 형태에 따라 1군과 2군 동사, 그리고 불규칙변화를 보이는 3군 동사로 분류한다. 1군과 2군 동사는 대다수 동사를 차지하며 동사변화도 규칙적이다.

▸ aller 동사는 동사변화가 상당히 불규칙한 3군 동사에 속한다. 프랑스어를 처음 배우는 사람에게는 다소 당혹스러울 수 있겠지만 차츰 규칙성을 발견하는 재미를 맛보게 될 것이다.

✓ 꼭! 알아둘 동사

aller [알레] 지내다, 가다

je	vais [쥬 베]	nous	allons [누‿잘롱]
tu	vas [뛰 바]	vous	allez [부‿잘레]
il	va [일 바]	ils	vont [일 봉]
elle	va [엘 바]	elles	vont [엘 봉]

Français et culture

프랑스어와 문화이야기 (1)

Tu & Vous

프랑스어에서는 상대가 여러 사람일 경우에는 당연히 2인칭 복수 인칭대명사 vous로 표현해야 되지만. 상대방이 한 사람일 때는 대화하는 상대의 사회적 관계에 따라 결정되므로 상당히 주의가 필요하다. 일반적으로 서로 잘 모르는 사이, 연장자 또는 직위가 높거나, 성인에게 말을 걸 때, 공식적인 경우, 혹은 기타 존대할 필요가 있는 경우는 vous를 사용하며, 다음 경우에는 대체로 tu를 쓴다.

① 남녀노소를 막론하고 가족과 친구사이에 사용한다. 그러나 시부모님과 장인 장모님께는 vous를 쓰는 것이 더 일반적이다.

② 직장동료나 동호회 사람들에게는 tu를 사용한다. 대체로 처음 만나는 사이에서는 vous를 쓰다가 차츰 친근해지면 tu로 바뀌는 사이이다. 그리고 보통 직속 상관에게는 tu를 쓰게 되지만, 좀 더 고위직의 상관들이나 타부서의 상관에게는 vous를 쓴다.

③ 어린아이나 청소년들에게는 tu를 사용하지만, 학교에서 교사는 초등생에게 tu, 중·고등학교 청소년에게는 vous 또는 tu, 대학교에서는 서로 vous라고 한다.

한편, 사이가 어느 정도 친해졌거나 또는 친숙해지고 싶으면 On se tutoie, d'accord? [옹 쓰 뛰뚜아, 다꼬-흐?] 또는 Vous pouvez me tutoyer. [부 뿌베 므 뛰뚜아예]라고 제의하면서 tu로 바꾸어 칭할 수 있다.

세 나라 언어로 보는 격언 한마디

Après la pluie, le beau temps.
Every cloud has a silver lining.
비 온 뒤 땅이 더 단단해진다.

Leçon 2 Je m'appelle Paul.

저는 폴이에요

Conversation I

Paul Bonjour, madame! Je me présente Paul Dupont.

Cécile Ah, Monsieur Dupont. Je suis Cécile Leblanc.
Enchantée! Comment allez-vous?

Paul Très bien, merci.
Madame Leblanc, je vous présente mon ami, Eric.

Eric Enchanté!

Cécile Enchantée!

폴 안녕하세요, 부인! 저는 폴 뒤퐁이라고 합니다.
세실 아! 뒤퐁씨군요. 저는 세실 르블랑입니다. 반갑습니다. 어떻게 지내세요?
폴 아주 잘 지내요. 고맙습니다. 당신께 제 친구 에릭을 소개합니다.
에릭 반갑습니다, 부인.
세실 반갑습니다.

Conversation II

Bora Bonjour! Je suis Bora, l'amie de Cécile. Je suis coréenne.
Je suis de Séoul.

Paul Bonjour! Moi, je m'appelle Paul. Je suis italien.

Bora Paul comment?

Paul Paul Dupont. Enchanté.
Voici mon ami Eric.
C'est un très bon ami et il travaille avec moi.

Eric Très heureux.

Bora Enchantée.

보라	안녕하세요. 저는 보라라고 해요. 세실의 친구예요. 저는 한국사람이고, 서울에서 왔어요.
폴	안녕하세요. 제 이름은 폴이구요, 저는 이탈리아 사람이에요.
보라	폴, 당신의 성은 어떻게 되세요?
폴	폴 뒤퐁입니다. 당신을 알게 되어 반가워요. 이쪽은 제 친구 에릭입니다. 그는 아주 좋은 친구이고 저와 함께 일하고 있습니다.
에릭	반가워요.
보라	반가워요.

단어 & 표현

deux [뒤] 둘의, (서수적 용법) 둘째의

☞ Leçon 2 [르쏭 뒤] 제2과

Dupont [뒤뽕], **Leblanc** [르블렁] 서양의 성씨 (姓氏)

Cécile [쎄씰], **Bora** [보라] 여자이름

Eric [에릭] 남자이름

s'appeler [싸뻘레] ~라고 불리다

- Je m'appelle [쥬 마뻴] 제 이름은 ~입니다.

me [므] 나를, 나에게

te [뜨] 너를, 너에게

vous [부] 당신에게, 당신을

présente [프레정뜨] ~에게 ~를 소개하다

- se présenter 자신을 소개하다
- Je me présente. [쥬 므 프레정뜨] 저를 소개할게요.
- Je vous présente~ [쥬 부 프레정뜨] 당신에게 ~를 소개하다

être [에트흐] ~이다, ~있다 / Je suis [쥬 쒸이] + 명사 / 형용사 ~이다

enchanté(*e*) [엉셩떼] (처음 만났을 때 인사) 반가워요

comment [꼬멍] (양태・방법을 표현하는 의문부사) 어떻게

- Comment allez-vous? [꼬멍‿딸레 부] 어떻게 지내세요?
- Paul comment? [뽈 꼬멍] 폴, 당신의 성은 어떻게 되세요?

ami(*e*) [아미] n. 남자친구 (여자친구)

l'ami [라미] (le + ami의 모음자 축약 → l'ami)

- le [르] (정관사) + 남성단수명사

l'amie [라미] (la + amie의 모음자 축약 → l'amie)

- la [라] (정관사) + 여성단수명사 ▸6과 스피드 문법 참조

de [드] ① (소속) ~의 : ~de Cécile 세실의 ② (출신) ~출신의 : ~de Séoul 서울 출신의

moi [모아] (강세형 인칭대명사) 나는, 저는

italien(*ne*) [이딸리앵(옌느)] 이탈리아인(의)

voici [부아씨] 여기 ~ 있다

mon [몽] 나의~ (mon + 남성단수명사)

c'est [쎄] ce + est → c'est (모음자 축약) 이것은 ~이다

☞ ce [쓰] (지시대명사) 이것은 / est [에] ~이다

un(*e*) [엉(윈느)] (부정관사) 하나의 ▸스피드 문법 참조

bon(*ne*) [봉(본느)] 좋은

- un très bon ami [엉 트레 보‿나미] 아주 좋은 친구

il [일] (주격 인칭대명사) 그는, 그것은

travailler [트라바이예] 일하다, 공부하다

avec [아벡] ~함께

heureux(*se*) [워-흐(즈)] 기쁜

aimer [에메] 좋아하다

스피드 문법

[1] 관사

프랑스어에서 명사는 흔히 관사와 함께 쓰이며, 3종류의 관사가 있는데 모두 명사의 성수에 일치시켜 사용해야 한다. 여기서는 부정관사, 정관사, 부분관사의 형태와 기본 용법에 관해 간단히 알아보자.

① 부정관사

불특정 대상의 셀 수 있는 명사 앞에서 '하나의' 또는 막연한 의미에서의 '어떤'을 나타낸다.

▸ 형태

	단수	복수
남성명사	un [엉]	des [데]
여성명사	une [윈느]	

Voici **un** monsieur. 여기 한 신사가 있다.
C'est **une** amie. 이 사람은 (여러 친구 중의) 한 친구이다.

② 정관사

모든 명사에 사용된다.
이미 언급된 명사, **문맥상 한정**되는 명사, 총체적 의미로 쓰인 명사에 선행한다.

▸ 형태

	단수	복수
남성명사	le (l') [르]	les [레]
여성명사	la (l') [라]	

Voici un monsieur. C'est **l'**ami de Cécile. 여기 한 신사가 있다. 그는 세실의 친구이다.
Il aime **le** café. 그는 커피를 좋아한다.

☞ 모음자 축약

단수 정관사는 모음 또는 무음 h로 시작하는 명사 앞에서 l' 로 축약된다.

ex) le + étudiant → **l'étudiant** [레뛰디영] 남학생
le + homme → **l'homme** [롬므] 남자
la + école → **l'école** [레꼴] 학교

③ 부분관사

개체를 셀 수 없고 양으로만 나타내야 하는 물질명사와 추상명사 앞에서 '약간의', '얼마간의'의 뜻을 가진다.

▸ 형태

	단수	복수
남성명사	du (de l') [뒤]	des [데]
여성명사	de la (de l') [들 라]	

Il y a **du** café. 커피가 있다.
J'ai **de la** chance. 나는 운이 좋다.

☞정관사 + 물질명사 : 부류 전체를 지칭 (총칭적 의미)
부분관사 + 물질명사 : 전체의 일부를 의미

[2] 모음자 축약현상 ▸13쪽 참조

프랑스어에서는 정관사(le, la)와 모음이나 무음 h로 시작되는 명사 이외에도 인칭대명사와 동사 등에도 축약이 일어난다.

je + aime → j'aime [젬므] 나는 ~를 좋아한다.
je + habite → j'habite [쟈비뜨] 나는 ~에 살고 있다.

[3] 목적격 대명사 ▸6과 스피드 문법 참조

프랑스어의 문법에서는 목적격 대명사를 "목적보어"라고 명명하지만, 우리는 편의상 목적격 대명사로 통칭하기로 한다. 특이한 점은 프랑스어에서는 주격 인칭대명사와

일부 목적격 대명사의 형태가 동일한 경우가 있고, 또한 3인칭 목적격의 경우는 정관사, 소유형용사 등과 그 형태와 동일하기 때문에 처음에는 다소 혼란스러울 수 있겠지만 차츰 그 편리성을 실감하게 될 것이다. 여기서는 다만 목적격 대명사들의 형태와 의미를 분명히 아는 것에 중점을 둔다.

① 목적격 대명사의 형태

<table>
<tr><td>주격 대명사</td><td>je (j')</td><td>tu</td><td>il</td><td>elle</td><td>nous</td><td>vous</td><td>ils/elles</td></tr>
<tr><td>직접목적격 대명사
(~을 / 를)</td><td rowspan="2">me
(m')</td><td rowspan="2">te (t')</td><td>le (l')</td><td>la (l')</td><td rowspan="2">nous</td><td rowspan="2">vous</td><td>les</td></tr>
<tr><td>간접목적격 대명사
(~에게)</td><td colspan="2">lui</td><td>leur</td></tr>
</table>

☞ me, te, le, la의 경우, 다음에 오는 동사가 모음이나 무음 h일 때 축약된다.

Eric, tu m'aimes? [에릭, 뛰 엠므] 에릭, 너 나 좋아해?

→ Mais oui, je t'aime. [메 위이, 쥬 뗌므] 그럼, 널 좋아하지.

② 용법

▸ 위치는 동사 바로 앞에 놓인다.

Madame Leblanc, je **vous** présente mon ami Eric. (Madame Leblanc = vous) [마담 르블렁, 쥬 부 프레졍뜨 모‿나미 에릭] 르블랑부인, 제가 당신에게 제 친구 에릭을 소개합니다.

▸ 1인칭과 2인칭 복수의 경우 : 주격·직접목적격·간접목적격 대명사의 형태가 모두 동일하다.

Madame Leblanc, je **vous** aime. (Madame Leblanc = vous) [마담 르블렁, 쥬 부‿젬므] 르블랑부인, 저는 당신을 좋아합니다.

▸ 3인칭 직접목적격 대명사의 경우 : 정관사와 형태가 동일하다. 다만, 아래와 같이 위치에 따라 의미와 기능이 달라지므로 유의한다.

- 정관사 : le / la / les + 명사
- 직접목적격 대명사 : le / la / les + 동사

Tu aimes **Paul**? [뛰 엠므 뽈] 너 폴 좋아해?

→ Oui, je **l'**aime bien. [위이, 쥬 렘므 비앵] (Paul = le = l') 예, 난 그를 꽤 좋아해.

Tu aimes **Sylvie** aussi? [뛰 엠므 씰비 오씨] 너 실비도 좋아?

→ Oui, je **l'**aime beaucoup. [위이, 쥬 렘므 보꾸] (Sylvie = la = l') 응, 난 그녀도 아주 좋아.

Tu aimes **Paul et Sylvie**? [뛰 엠므 뽈 에 씰비] 너 폴이랑 실비를 좋아해?

→ Bien sûr, je **les** aime. [비앵 쒸흐, 쥬 레‿젬므] (Paul et Sylvie = les) 물론, 난 그들을 좋아해.

[4] 1군 동사 변화형

1군 동사는 동사의 어미가 -er로 끝나며, 동사어미 -er 대신 -e, -es, -e, -ons, -ez, -ent로 규칙으로 활용한다.

aimer [에메] 좋아하다

j'aime [젬므]	nous aim**ons** [누‿제몽]
tu aime**s** [뛰 엠므]	vous aim**ez** [부‿제메]
il aime [일 엠므]	ils aim**ent** [일‿젬므]
elle aime [엘 엠므]	elles aim**ent** [엘‿젬므]

☞1인칭 단수형, 2인칭 단수형, 3인칭 단수형와 복수형의 동사는 동일하게 읽는다.

☞2인칭 단수형 -es를 [에]로 읽지 않도록 주의한다.

☞3인칭 복수형 -ent의 발음은 단수형 어미 -e, -es와 마찬가지로 묵음이다.

☞aller동사는 어미가 -er로 끝나지만 불규칙하게 활용되므로 1군 동사가 아니다.

✓ 꼭! 알아둘 동사

☞이번 과에서 익히게 될 être동사와 avoir동사는 프랑스어의 과거시제 표현과 기타 숙어표현에 활용되는 대단히 중요한 동사이므로 반드시 완벽히 외우고 넘어가자.

① être [에트흐] ~이다, ~있다 (≒ 영어의 be동사)

je suis [쥬 쒸이]	nous sommes [누 쏨]
tu es [뛰 에]	vous êtes [부‿젵]
il est [일 에]	ils sont [일 쏭]
elle est [엘 에]	elles sont [엘 쏭]

② avoir [아부아-흐] 가지고 있다 (≒ 영어의 have동사)

j'ai [제]	nous avons [누‿자봉]
tu as [뛰 아]	vous avez [부‿자베]
il a [일 아] ([일‿라])	ils ont [일‿종]
elle a [엘 아]	elles ont [엘‿종]

③ s'appeler [싸쁠레] ~라고 불리다

je m'appelle [쥬 마뻴]	nous nous appelons [누 누‿자쁠롱]
tu t'appelles [뛰 따뻴]	vous vous appelez [부 부‿자쁠레]
il s'appelle [일 싸뻴]	ils s'appellent [일 싸뻴]
elle s'appelle [엘 싸뻴]	elles s'appellent [엘 싸뻴]

④ travailler [트라바이예] 일하다

je travaille [쥬 트라바이으]	nous travaillons [누 트라바이용]
tu travailles [뛰 트라바이으]	vous travaillez [부 트라바이예]
il travaille [일 트라바이으]	ils travaillent [일 트라바이으]
elle travaille [엘 트라바이으]	elles travaillent [엘 트라바이으]

⑤ présenter [프레졍떼] 소개하다

je présente [쥬 프레졍뜨]	nous présentons [누 프레졍똥]
tu présentes [뛰 프레졍뜨]	vous présentez [부 프레졍떼]
il présente [일 프레졍뜨]	ils présentent [일 프레졍뜨]
elle présente [엘 프레졍뜨]	elles présentent [엘 프레졍뜨]

⑥ aimer [에메] 좋아하다

j'aime [젬므]	nous aimons [누‿제몽]
tu aimes [뛰 엠므]	vous aimez [부‿제메]
il aime [일 엠므]	ils aiment [일‿젬므]
elle aime [엘 엠므]	elles aiment [엘‿젬므]

Français et culture

프랑스어와 문화이야기 (2)

▌monsieur & madame

monsieur [머씨유으], madame [마담]은 예의를 중시하는 프랑스인의 특성이 잘 돋보이는 표현이다. 그래서 프랑스에서는 다음 상황에서 빈번히 사용된다.

① 잘 모르는 사람을 호칭할 때

② 상점이나 커피숍 등을 들어 설 때 점원이 남성이면 Bonjour monsieur!, 여성이면 Bonjour madame! 또는 젊은 미혼의 여성이면 Bonjour mademoiselle!, 혹 여러 사람이 있으면 Bonjour mesdames et messieurs! 혹은 Bonjour messieurs-dames!이라고 간단히 인사한다.

여성의 경우, 결혼여부를 확실히 모르는 중년여성이라면 madame으로 칭함이 더 좋다.

Leçon 3 Je suis étudiant.

저는 학생이에요.

Conversation I

Bora Salut, je m'appelle Bora. Je suis étudiante.
Et comment tu t'appelles?

Robert Moi, je suis Robert.

Bora Qu'est-ce que tu fais dans la vie?

Robert Je suis journaliste de télévision.

Olivia Salut, je m'appelle Olivia. Je suis employée dans un bureau.

보라 안녕, 내 이름은 보라이고, 학생이야. 네 이름은 뭐니?
로버트 나는 로베르야.
보라 하는 일이 뭐니?
로버트 나는 텔레비전 방송 기자야.
올리비아 안녕, 나는 올리비아라고 해. 나는 사무실에서 일하는 회사원이야.

Conversation II

Etudiante Vous êtes monsieur...?

Professeur Je suis Jean-Paul.

Etudiante Qu'est-ce que vous faites dans la vie?

Professeur Je suis professeur de musique.
Et vous, vous êtes professeur?

Etudiante Non, je ne suis pas professeur. Je suis étudiante en français. Je travaille toute la journée.

Professeur Alors, vous parlez très bien le français.

Etudiante Oh non, pas très bien! Un peu seulement.

학생 당신 이름이...?
교사 저는 장-폴이라고 합니다.
학생 하시는 일이 무엇입니까?
교사 저는 음악선생입니다. 당신도 교사입니까?
학생 아뇨, 저는 교사가 아니고, 프랑스어를 배우는 학생입니다. 저는 하루 종일 공부합니다.
교사 그래서 당신은 프랑스 말을 아주 잘하시는군요.
학생 아뇨, 아주 잘하지 않습니다. 단지 조금 합니다.

단어 & 표현

trois [트루아] 셋의, (서수적 용법) 셋째의

☞ Leçon 3 [르쏭 트루아] 제3과

étudiant(*e*) [에뛰디영(뜨)] n. 학생

en [엉] (장소, 수단, 분야) ~에(서) + 흔히 무관사 명사

étudiant(*e*) en français [엉 프렁쎄] 프랑스어 전공 (여)학생

Comment tu t'appelles? [꼬멍 뛰 따뻴] 네 이름이 뭐니?

☞ 원칙적으로 정확한 표현은 "Comment t'appelles-tu?"이지만, 입말에서는 본문처럼 말할 수도 있으며, 또 다른 여러 가지 의문표현 방식이 가능하다. ▸6과 스피드 문법 참조

qu'est-ce que [께 쓰 끄]

• que [끄] (의문사) 무엇 ▸스피드문법 참조

☞ est-ce que [에 쓰 끄] 의문문 만드는 삽입구 (이때는 특정한 뜻은 없음) ▸6과 스피드 문법 의문문 만들기 참조

ce [쓰] (대화의 상황 속에서 알 수 있는 대상을 지칭) 이것은, 그것은

☞ c'est [쎄] + 단수명사 / 단수형용사 : 이것은 ~ 이다

☞ ce sont [쓰 쏭] + 복수명사 / 복수형용사 : 이것들은 ~ 이다

faire [페-흐] 하다, 종사하다 / vous faites [부 페뜨]

dans [덩] (장소) ~안에

la [라] (전치사와 특정명사 사이에서 사용)

vie [비] n.f. 목숨, 삶, 일상, 일생

dans la vie [덩 라 비] (직업을 묻는 표현에 수반되는 표현) 삶에 있어서

• Qu'est-ce que vous faites dans la vie? 살면서 하시는 일이 무엇입니까?

journaliste [쥬흐날리쓰뜨] n. 기자

télévision [뗄레비지용] n.f. 텔레비전

employé(*e*) [엉쁠루아이예] n. 회사원, 직원

bureau [뷔호] n.m. 사무실

Olivia [올리비아] 여자이름

dans un bureau [덩‿정 뷔호] 사무실에서

☞ 어떤 사무실인지 구체적으로 밝히지 않았기 때문에 부정관사 un이 사용되었다.

professeur [프로페쒀-흐] n. (고등학교, 대학교) 교수

non [농] 아니요

être [에트흐] ~이다 / vous êtes [부‿제뜨]

ne ~ pas [느 ~ 빠] (동사의 부정) ~아니다 ▸스피드 문법 참조

alors [알로] 그래서, → 그러면

tout(*e*) [뚜(뜨)] 모든 ▸스피드 문법 참조

journée [쥬흐네] n.f. (아침부터 저녁까지의) 하루

• Bonjour! 오전과 낮 인사
• Bonne journée! 낮에 헤어질 때 인사
• Bonsoir! 저녁인사
• Bonne soirée! 저녁에 헤어질 때 인사

parler [빠흘레] 말하다 / vous parlez [부 빠흘레]

un peu [엉 뾔] 조금

seulement [쐴멍] 단지

스피드 문법

[1] 명사의 성 남성명사 & 여성명사

프랑스어의 명사는 남성명사와 여성명사로 나뉘고, 모든 명사는 어느 한 쪽의 성을 갖고 있으며, 명사를 수식하는 관사와 한정사, 형용사 등도 관련 명사가 남성인지 여성인지에 따라 일치시켜 주어야 한다.

명사의 성은 관습에 의해 정해지기 때문에 새로운 명사를 배울 때마다 그것의 성을 외우는 방법이 가장 좋다.

남성	여성
monsieur [머씨유으] 남자분	madame [마담] 부인
père [뻬-흐] 아버지	mère [메-흐] 어머니
coq [꼬끄] 수탉	poule [뿔] 암탉
cinéma [씨네마] 영화	chanson [셩쏭] 노래
Canada [까나다] 캐나다	France [프렁쓰] 프랑스

① 남성명사의 어미에 -e 첨가해서 여성명사가 되는 것도 있다.

남성	여성
ami [아미] 남자친구	ami*e* [아미] 여자친구
employé [엉쁠루아이예] 남자직원	employé*e* [엉쁠루아이예] 여직원
étudiant [에뛰디영] 남학생	étudiant*e* [에뛰디영-뜨] 여학생
français [프렁쎄] 프랑스남자	français*e* [프렁쎄-즈] 프랑스여자
coréen [꼬레앵] 한국남자	coréen*ne* [꼬레엔느] 한국여자

② 하나의 형태로 관사만 달리 표현하여 남성도 되고 여성도 될 수 있는 명사들이 있다.

남성	여성
un enfant [엉‿녕펑] 남아	une enfant [윈 엉펑] 여아
un élève [엉‿넬레브] 남학생	une élève [윈 엘레브] 여학생
un journaliste [엉 쥬흐날리쓰뜨] 남성기자	une journaliste [윈 쥬흐날리쓰뜨] 여성기자

③ 과거에 남성만이 갖던 직업이나 신분 명사는 남성명사 밖에 없고, 남녀공용으로 쓴다.

un docteur [엉 독뙤-흐] 의사 (남녀공용)

un professeur [엉 프로페쐬-흐] 교수 (남녀공용)

un auteur [엉‿노뙤-흐] 작가 (남녀공용)

[2] 명사의 복수형 만들기

① 원칙적으로 명사의 단수형에 -s 를 붙이고, 단어가 -s, -x, -z로 끝나면 그대로 복수형이 된다.

un enfant [엉‿넝펑] 어린이 → des enfant**s** [데‿정펑]

un pay**s** [엉 뻬이] 국가 → des pays [데 뻬이]

un voi**x** [엉 부아] 목소리 → des voix [데 부아]

un ne**z** [엉 네] 코 → des nez [데 네]

② 단어가 -al, -ail, -au로 끝나면 -aux로 바뀐다.

un journ**al** [엉 쥬흐날] 신문 → des journ**aux** [데 쥬흐노]

un trav**ail** [엉 트라바이으] 일 → des trav**aux** [데 트라보]

③ 단어가 -eau, -eu로 끝나면 -eaux, -eux로 바뀐다

un bur**eau** [엉 뷔호] 사무실 → des bur**eaux** [데 뷔호]

un chev**eu** [엉 슈뵈] 머리카락 → des chev**eux** [데 슈뵈]

☞명사의 복수형에도 다양한 변칙들이 있다. 앞으로 만날 때마다 하나씩 익히도록 하자.

monsieur [머씨유으] → **mes**sieurs [메씨유으]

madame [마담] → **mes**dames [메담]

mademoiselle [마드무아젤] → **mes**demoiselles [메드무아젤]

un œil [엉‿너이으] → des yeux [데‿지유으]

un œuf [엉‿눠프] → des œufs [데‿줘]

☞ 발음주의 œuf [œf] → œufs [ø] (☞ [ø] 발음법 : 입모양 '우' + [으])

[3] 의문대명사 que (무엇)

사람, 사물 또는 동물을 대신하는 대명사로서 의문문을 이룬다.

Qu'est-ce que tu fais dans la vie? 하는 일이 뭐니?

Qu'est-ce que vous faites dans la vie? 하시는 일이 무엇입니까?

▸ est-ce que를 삽입하지 않고, 의문사를 앞에 두고 주어와 동사를 도치시켜도 된다.

Que fais-tu? 하는 일이 뭐니?

Que faites-vous? 하시는 일이 무엇입니까?

▸ quoi : que의 강세형

• que가 문장 맨 끝으로 가는 경우, 강세형으로 표현한다.

Tu fais **quoi**? 하는 일이 뭐니?

Vous faites **quoi**? 하시는 일이 무엇입니까?

• que가 전치사와 함께 사용될 때는 '전치사 + quoi'의 형태로 표현한다.

Tu parles **de quoi**? 넌 무엇에 대해 얘기하고 있니?

De quoi parlez-vous? 당신은 무엇에 대해 이야기 하나요?

☞ 의문문 만드는 방법에 대한 자세한 설명은 6과 스피드문법 참조.

• que가 단독으로 쓰일 때는 강세형으로 표현한다.

Quoi? 뭐라고?

Quoi faire? 어떻게 하면 좋을까?

[4] 동사의 부정문 ne + 동사 + pas

문장이 나타내는 사실을 부정하고자 할 때 동사의 앞뒤에 삽입한다.

Je suis professeur. → Je **ne** suis **pas** professeur. 저는 교사가 아닙니다.

☞ ne 다음에 오는 단어가 모음 또는 무음 h일 때는 모음자 축약이 일어난다.

C'est un ami. → Ce **n'**est **pas** un ami. 그는 친구가 아니다.

J'aime le café. → Je **n'**aime **pas** le café. 나는 커피를 좋아하지 않는다.

☞ pas (아니다) ⇒ plus (더 이상 ~아니다), jamais (결코 ~아니다) 등으로 대체할 수 있다.

Il ne parle plus. 그는 더 이상 말하지 않는다.

Elle n'arrive jamais à l'heure. 그녀는 제 시간에 도착한 적이 없다.

☞ C'est un livre? 이것은 책입니까?

- Oui, c'est un livre. 예, 이것은 책입니다.
- Non, ce n'est pas un livre. C'est un cahier. 아니요, 이것은 책이 아닙니다. 이것은 공책입니다.

☞ Ce n'est pas un livre? 이것은 책이 아닙니까?

- **Si**, c'est un livre. 아니요, 이것은 책이 맞습니다.
  (부정의문문에 대한 대답이 긍정문일 때는 Oui → Si로 대답한다.)
- Non, ce n'est pas un livre. C'est un cahier. 아니요, 이것은 책이 아닙니다. 이것은 공책입니다.

[5] 한정사 tout, toute, tous, toutes

z tout, toute, tous, toutes + 관사 + 명사

☞ 뒤에 수반되는 명사의 성수에 따라 형태를 일치한다.

Tout le monde est content. 모든 사람들이 기뻐한다.

Il travaille toute la journée. 그는 종일 일한다.

✓ 꼭! 알아둘 동사

① faire [페-흐] ~하다

je fais [쥬 페]	nous faisons [누 퍼종] ☞ 발음주의 [페종 ×]
tu fais [뛰 페]	vous faites [부 펠뜨]
il fait [일 페]	ils font [일 퐁]
elle fait [엘 페]	elles font [엘 퐁]

② parler [빠흘레] ~말하다

je parle [쥬 빠흘르]	nous parlons [누 빠흘롱]
tu parles [뛰 빠흘르]	vous parlez [부 빠흘레]
il parle [일 빠흘르]	ils parlent [일 빠흘르]
elle parle [엘 빠흘르]	elles parlent [엘 빠흘르]

Français et culture

프랑스어와 문화이야기 (3)

프랑스식 인사법 faire la bise & ciao!

프랑스에서는 만날 때 친한 사이에는 bise [비-즈] 혹은 bisou [비주] 라는 인사를 한다. 이것은 여자끼리 혹은 남녀사이에 하는 인사법으로서, 상대방의 볼에 자신의 볼을 갖다 대며 입으로 입맞춤소리를 "쪽-"하며 낸다. 파리에서는 두 번 볼을 맞대고 입맞춤 소리를 내지만, 지방에 따라 세 번 혹은 남프랑스 지방에서는 네 번도 한다. 남자끼리는 잘하지 않으며, 처음으로 비즈 인사를 하면서 친근감을 표현하고 싶은 사이거나 혹은 오랜만에 만난 지인 간에는 On se fait la bise? [옹 쓰 페 라 비-즈]라고 말하면서 비즈 인사를 나눌 수 있다.

또한 친구나 학생들 사이에서는 Bonjour 보다는 Salut! [쌀뤼이], Au revoir 보다는 Ciao!(=Tchao!) [챠오]를 더 빈번하게 사용한다.

세 나라 언어로 보는 격언 한마디

Pas de nouvelles, bonnes nouvelles.
No news, good news.
무소식이 희소식

Leçon 4 D'où êtes-vous?

당신은 어디 출신이세요?

Conversation 1

Robert Vous habitez en France?

Bora Oui, j'habite à Paris.

Robert Et vous êtes japonaise ou coréenne?

Bora Les deux! Mon père est coréen et ma mère est japonaise, mais je suis coréenne enfin.

Robert Alors, vous parlez bien le coréen et le japonais.

Bora Bien sûr, je suis bilingue.

Robert Quelle chance!

Bora Vous êtes d'ici?

Robert Non, je viens du Canada. Je suis québécois, alors ma langue maternelle, c'est le français.

Bora Mais vous parlez aussi l'anglais probablement.

로베르 당신은 프랑스에 사시나요?

보라 예, 파리에서 살고 있어요.

로베르 그리고 당신은 일본사람인가요, 한국사람인가요?

보라 둘 다 해당됩니다. 저의 아버지는 한국분이시고, 어머니는 일본분이십니다. 그러나 제 국적은 한국이에요, 말하자면요.

로베르 그렇다면 당신은 한국말도 잘하고 일본말도 잘하겠군요.

보라 물론입니다. 저는 2개 언어를 사용하지요.

로베르 운이 좋군요!

보라 당신은 이곳 출신이세요?

로베르 아니요, 저는 캐나다에서 왔어요. 저는 퀘벡지방 사람이에요, 제 모국어는 프랑스어예요.

보라 그렇지만 아마도 당신은 영어도 잘하시겠군요.

Conversation II

Robert Vous venez souvent en France?

Bora Oui, j'adore la France.

Robert Où allez-vous?

Bora Je vais d'abord à Paris, puis à Lyon pour le travail.

로베르 당신은 자주 프랑스에 오시나요?
보라 예, 저는 프랑스를 좋아합니다.
로베르 어디를 가시나요?
보라 파리에 먼저 갔다가 리옹으로 출장 갑니다.

단어 & 표현

quatre [까트흐] 넷의, (서수적 용법) 넷째의

où [우] (장소에 관한 의문 표현) 어디 (경우에 따라 전치사가 앞에 놓임)

être [에트흐] ~이다 / **vous êtes** [부‿제뜨] + de ~출신이다

d'où [두] 어디에서 (de ~로부터 + où 어디)

- D'où êtes-vous? [두 엘-부] (출신·국적을 묻는 표현) 어디 출신이세요?

Robert [호베-흐] 남자이름

habiter [아비떼] 거주하다/ **vous habitez** [부‿자비떼]

France [프렁쓰] n.f. (여성국명) 프랑스

☞ 국명의 어미가 -e로 끝나는 것은 대부분 여성국명이다.

- 여성국명: la Corée 한국, la France 프랑스
- 남성국명: le Canada 캐나다, le Japon 일본, l'Iran 이란, (예외) le Mexique 멕시코

en [엉] (en + 여성국명 또는 모음으로 시작되는 남성국명) ~에(서)

- en France [엉 프렁쓰] 프랑스에(서)

à [아] (장소) ~에(서)

Paris [빠리] n.m. (도시명) 파리

☞ 도시명은 보통 남성명사이지만, 무관사 형태로 흔히 사용된다.

- à Paris [아 빠리] (전치사 à + 도시명) 파리에(서)
- Paris est beau. [빠리 에 보] 파리는 아름답다.

japonais [쟈뽀네] n.m. 일본어

japonais(*e*) [쟈뽀네(즈)] 일본(인)의, 일본어의

Japonais(*e*) [쟈뽀네(즈)] n. 일본인

Japon [쟈뽕] n.m. 일본

ou [우] 또는

coréen [꼬레앵] n.m. 한국어

coréen(*ne*) [꼬레앵(엔느)] 한국(인)의, 한국어의

Coréen(*ne*) [꼬레앵(엔느)] n. 한국인

Corée [꼬레] n.f. 한국

les [레] (정관사 복수형) ▸ 2과 스피드 문법 참조

deux [둬] 둘의

père [뻬-흐] n.m. 아버지

ma [마] 나의 ~ (ma + 여성단수명사) ▸ 스피드 문법 참조

mère [메-흐] n.f. 어머니

mais [메] 그러나

enfin [엉팽] 결국, 말하자면

parler [빠흘레] 말하다 / **vous parlez** [부 빠흘레]

sûr(*e*) [쒸-흐] 확신하는
- Bien sûr! [비앵 쒸흐] 물론이지요!

bilingue [빌랭그] 2개 언어를 사용하는

aussi [오씨] 또한

quel(*le*) [껠] 어떤, 무슨, (감탄표현) 얼마나

☞ 형용사이므로 명사와 수반되거나 또는 être 동사와 만 단독으로 사용된다. ▸8과 스피드 문법 참조

chance [셩쓰] n.f. 행운
- Quelle chance! [껠 셩쓰] 참 운이 좋군요!
- Quelle bonne idée! [껠 본 이데] (참 좋은 생각이야!)

☞ 여기서 chance, idée가 여성단수명사이므로 그에 따라 여성형(quelle)이 선택된다.

de [드] (출신) ~로부터

ici [이씨] 여기
- d'ici [디씨] 이곳 출신

venir [브니-흐] 오다 / je viens [쥬 비앵] 오다

☞ venir de ~ : ~출신이다
venir de + 여성국명 (France, Corée, Chine)
venir d' + 모음으로 시작되는 여성국명 (Angleterre) 및 남성국명 (Iran)
venir du + 남성국명 (Canada, Japon)
venir des + 복수형 국명 (Etats-Unis)

du [뒤] (전치사 de + 정관사 le → du) ▸스피드 문법 참조

québécois(*e*) [께베꾸아(즈)] (캐나다) 퀘벡지방 사람(의)

langue [렁그] n.f. 언어

maternel(*le*) [마떼흐넬] 어머니의

langue maternelle [렁그 마떼흐넬] 모국어

anglais [엉글레] n.m. 영어

probablement [프로바블멍] 아마도, 십중팔구

souvent [쑤벙] 자주

adorer [아도레] 좋아하다 / vous adorez [부‿쟈도레] ▸꼭 알아둘 동사 참조

d'abord [다보-흐] (puis와 대립쌍으로 사용) 우선, 먼저

puis [쀠이] 그 후에

Lyon [리용] (프랑스의 도시명) à Lyon 리용에

pour [뿌-흐] (목적) ~를 위하여

travail [트라바이으] n.m. 일, 노동, 직업
- pour le travail [뿌-흐 르 트라바이으] 일 관계로

스피드 문법

[1] 장소의 의문부사 où[우] : 어디

☞ 문두 또는 문미에 위치할 수 있으며, 앞에 전치사를 동반할 수도 있다. 이에 대한 대답은 장소표현의 명사 또는 전치사 + 명사의 형태로 온다.

- Où habitez-vous?
  어디 사세요?
- A Paris.
  파리에.
- D'où venez-vous?
  어디 출신이세요?
- Je viens de France.
  프랑스예요.

- Tu habites où?
  어디 사니?
- A Séoul.
  서울에.
- Tu es d'où?
  어디 출신이세요?
- D'ici.
  여기 출신이야.

[2] 소유형용사

프랑스어에서 소유형용사는 명사 앞에 놓여 명사와의 소유관계를 나타낸다. 이때 소유형용사는 뒤에 오는 명사의 성수에 따라 아래 표와 같이 사용한다.

소유형용사 + 남성명사	소유형용사 + 여성명사
mon père 나의 아버지	ma mère 나의 어머니
ton père 너의 아버지	ta mère 너의 어머니
son père 그(녀)의 아버지	sa mère 그(녀)의 어머니
notre père 우리들의 아버지	notre mère 우리들의 어머니
votre père 당신(너희들)의 아버지	votre mère 당신(너희들)의 어머니
leur père 그(녀)들의 아버지	leur mère 그(녀)들의 어머니

☞ 위 표와 같이, 1인칭, 2인칭, 3인칭 복수 소유형용사는 뒤에 오는 명사가 단수일 때는 성(姓)에 관계없이 각기 한 가지 형태가 쓰인다.

notre (우리의)
votre (당신의, 당신들의, 너희들의) + **단수명사**
leur (그들의, 그녀들의)

☞ 소유형용사를 쉽게 사용하려면, 먼저 의미에 따라서 소유형용사를 정하면 된다.
즉, 프랑스어에서 '나의' 라는 의미의 소유형용사는 mon, ma, mes 세 가지가 있는데, 이 중에서 뒤에 오는 명사의 성수에 따라 하나를 선택하면 된다.

☞ 단, 모음이나 무음 h로 시작하는 단수명사는 항상 남성단수형 소유형용사와 함께 쓰인다.

나의 여자친구 **mon amie** (ma amie ×)
나의 이야기 **mon histoire** (ma histoire ×)

☞ 소유형용사 뒤에 오는 명사가 복수이면, 소유형용사는 성(姓)의 구별 없이 아래와 같이 공통으로 사용되며, 소유형용사의 의미는 단수의 경우와 동일하다.

mes (나의)
tes (너의)
ses (그의, 그녀의) + **복수명사**
nos (우리의)
vos (당신의, 당신들의, 너희들의)
leurs (그들의, 그녀들의)

[3] 전치사＋정관사 축약

프랑스어의 정관사 le와 les는 **전치사 de**와 **à** 앞에서 다음과 같이 축약된다.

	le	les
à +	au	aux
de +	du	des

Je vais **au** cinéma. 나는 극장에 간다.

Il habite **aux** Etats-Unis. 그는 미국에 살고 있다.

Je viens **du** Canada. 나는 캐나다 출신이다.

Ce sont les livres **des** professeurs. 이것은 교사들의 책들이다.

[4] 전치사＋국가명

국가 지명을 표현하고자 할 때 의미에 따라 몇 가지 전치사와 함께 표현할 수 있는데, 이 때 주의가 필요하다.

여성국명이나 모음으로 시작되는 남성국명의 전치사 표현과 남성국명이나 복수형 국명의 전치사 용법이 각기 다르므로 주의를 요한다.

① ~에(서)

en + 여성국명 모음으로 시작되는 남성국명	en France, en Corée, en Angleterre en Iran
au + 남성국명	au Canada, au Japon
aux + 복수형 국명	aux Etats-Unis

② ~로부터

de + 여성국명 모음으로 시작되는 남성국명	de France, de Corée, d'Angleterre d'Iran
du + 남성국명	du Canada, du Japon
des + 복수형 국명	des Etats-Unis

✓ 꼭! 알아둘 동사

① habiter [아비떼] 거주하다

j'habite [쟈빌]	nous habitons [누‿자비똥]
tu habites [뛰 아빌]	vous habitez [부‿자비떼]
il habite [일 아빌]	ils habitent [일‿자빌]
elle habite [엘 아빌]	elles habitent [엘‿자빌]

② venir [브니-흐] 오다

je viens [쥬 비앵]	nous venons [누 브농]
tu viens [뛰 비앵]	vous venez [부 브네]
il vient [일 비앵]	ils viennent [일 비엔느]
elle vient [엘 비앵]	elles viennent [엘 비엔느]

③ adorer [아도레] 좋아하다

j'adore [쟈도흐]	nous adorons [누‿자도롱]
tu adores [뛰 아도흐]	vous adorez [부‿자도레]
il adore [일 아도흐]	ils adorent [일‿자도흐]
elle adore [엘 아도흐]	elles adorent [엘‿자도흐]

Français et culture

프랑스어와 문화이야기 (4)

▌이름(prénom)과 성(nom de famille)

프랑스에서는 nom이라 하면 성(nom de famille)을 지칭하는 편이며, 이름은 prénom이다.

성명을 쓸 때 이름(prénom)을 먼저 적고, 성(nom de famille)을 뒤에 적되, 일반적으로 이름은 첫 글자만 대문자로 적고, 성은 모두 대문자로 쓴다. 예를 들면, Marie DUPONT이라고 쓴다.

Leçon 5 Il est grand et beau.

그는 키가 크고 미남이야.

Conversation I

Olivier Est-ce ton frère là-bas? Oh, il est grand et beau.

Bora Oui, c'est vrai. Il est au lycée en terminal. Il est brillant. Et il adore le sport et la musique. Il aime beaucoup les chansons françaises. Mais moi, je suis petite et moche.

Olivier Mais non! Tu n'es ni petite ni moche, à mon avis. En plus, tu es jolie.

Bora Merci. Et toi, tu es très gentil et honnête.

Olivier Merci.

올리비에 저기 저 사람, 네 남동생이니? 오, 키도 크고 미남이네.
보라 응, 그래. 그는 고3졸업반이야. 그는 우등생이고, 스포츠와 음악도 좋아해. 샹송도 아주 좋아해. 그러나 나는 키도 작고 못난이야.
올리비에 전혀 안 그래. 내 생각에 너는 작지도 못난이도 아니야. 게다가 넌 귀여워.
보라 고마워, 너는 아주 친절하고 정직해.
올리비에 고마워.

Conversation II

Sylvie Qui est Charles? Il est comment?

Robert Il est beau et de taille moyenne. Il a les yeux et les cheveux bruns. Il est génial.

Sylvie Ah bon! Et l'amie de Paul, elle est comment?

Robert Elle est petite mais mignonne. Elle a les cheveux courts et le visage ovale.

Sylvie Elle est aimable?

Robert Oui, elle est très adorable et en plus sérieuse et intelligente.

실비	누가 사를르니? 그는 어때?
로버트	그는 미남이고 보통 키야. 갈색 눈과 갈색머리를 갖고 있어. 그는 아주 멋져.
실비	아, 그렇구나. 폴의 친구인 그녀는 어때?
로버트	그녀는 작지만 귀여워. 그녀는 짧은 머리와 가름한 얼굴이야
실비	그녀는 친절해?
로버트	응, 그녀는 아주 사랑스럽고 신중하고 지적이야

단어 & 표현

cinq [쌩끄] 다섯의, (서수적 용법) 다섯째의

Olivier [올리비에] 남자이름

est-ce [에-쓰] 이 사람은/이것은 ~입니까?

☞ c'est의 도치형

c'est [쎄] 이 사람은/이것은 ~이다

☞ ce + est → c'est (모음자 축약)

ton [똥] 너의 / ta + 여성명사, tes + 복수명사

frère [프레-흐] 남자형제

là-bas [라바] 저기

il [일] 그는

être [에트흐] ~ 이다 (≒영어의 be동사)

☞ Il est [일 에] + 명사 / 형용사 : 그는 ~이다

grand(*e*) [그렁(드)] 키가 큰

be*au*(*lle*) [보(벨)] 잘생긴

vrai(*e*) [브레] 사실의

au [오] (à + le) + 남성명사 ▸4과 스피드문법 참조

lycée [리쎄] n.m. 고등학교

en [엉] ~ 에

terminal [떼흐미날] n.f. 고등학교 3학년 ▸프랑스어와 문화이야기 참조

- Il est au lycée en terminal. 그는 고등학교 3학년에 재학 중이다.

☞ terminal [떼흐미날] n.m. 종착역

brillant(*e*) [브리영(뜨)] 우수한, 명석한

élève [엘레브] n. 학생

☞ un élève [엉‿넬레브] (남학생)
une élève [윈 엘레브] (여학생)

☞ 일반적으로 대학생은 étudiant(*e*), 반면에 그랑제꼴 학생은 élève라고 통칭한다.

☞ 초등생 élève, 중학생 collégien(*ne*) [꼴레지앵(엔느)], 고등학생 lycéen(*ne*) [리쎄앵(엔느)]

sport [쓰뽀-흐] n.m. 운동, 스포츠

musique [뮈지끄] n.f. 음악

aimer [에메] 좋아하다

adorer [아도레] 매우 좋아하다, 경배하다

chanson [셩쏭] n.f. 노래, 가요, 샹송

français(*e*) [프렁쎄(즈)] 프랑스(인)의

petit(*e*) [쁘띠(뜨)] 작은

moche [모슈] 못생긴

mais non! [메 농] (강한 부정) 천만에요!

ne ~ ni ~ ni [느 ~ 니 ~ 니] (부정표현) ~ 도 ~ 도 아니다

☞ 부정문에서의 ni : 부정할 요소가 둘 이상일 때 쓰임 (긍정문에서의 et의 기능과 흡사하다.)

- Elle n'est ni petite ni moche. 그녀는 작지도 추하지도 않다.
- Je n'ai ni femme ni enfants. 나는 아내도 자식도 없다.

☞ ne ~ ni ~ ni ~ 에서 de 생략한다.

avis [아비] n.m 견해

☞ à mon avis [아 모‿나비] 내 생각에는

• 연음법 : mon [몽] + avis [아비]→ [모‿나비]

en plus [엉 쁠뤼쓰] 게다가

joli(*e*) [졸리] 귀여운, 예쁜

gentil(*le*) [정띠(으)] 친절한

honnête [오네뜨] 정직한

qui [끼] 누구 ▸스피드 문법 참조

comment [꼬멍] 어떤

☞ 사람이나 사물의 양태를 물을 때

• Il est comment? [일 에 꼬멍] 그는 어떤 사람이야?

• Comment est le livre? [꼬멍 에 르 리브흐] 그 책은 어때?

taille [따이으] n.f. 키, 신장, 크기

moyen(*ne*) [무아이앵(옌느)] 중간의

yeux [이유으] n.m.pl. 눈(복수)

œil [어이으] n.m. 눈(단수)

cheveux [슈붜] n.m.pl. (cheveu [슈붜]의 복수형) 머리카락

brun(*e*) [브렁(브륀느)] 갈색(의)

☞ brun(남성단수형), brune(여성단수형), bruns (남성복수형), brunes(여성복수형)

• noir(*e*) [누아-흐] 검정색(의)
• blanc(*he*) [블렁(슈)] 흰색(의)
• bleu(*e*) [블뤄] 푸른색(의)
• rouge [후-쥬] 붉은색(의)
• jaune [죤느] 노란색(의)
• vert(*e*) [베-흐(뜨)] 녹색(의)
• gris(*e*) [그리(즈)] 회색(의)
• violet(*te*) [비욜레(뜨)] 보라색(의)
• marron [마홍] 밤색(의)
• rose [호-즈] 분홍색(의)

génial(*e*) [제니알] 멋진

Ah bon! [아 봉] (어떤 사실을 알았을 때의 감탄 표현) 아! 그렇구나!

mignon(*ne*) [미뇽(뇬느)] 귀여운

avoir [아부아-흐] ~을 가지고 있다(≒영어의 have) ▸꼭 알아둘 동사 참조

court(*e*) [꾸-흐(뜨)] 짧은

visage [비쟈쥬] n.m. 얼굴

ovale [오발] 타원형(의)

aimable [에마블] 사랑스런, 귀여운

adorable [아도하블] 사랑스런, 귀여운

sérieux(*se*) [쎄리여(즈)] 신중한

intelligent(*e*) [앵뗄리졍(뜨)] 지적인

➾ 스피드 문법

[1] 형용사의 남성 & 여성

품질 형용사는 일반적으로 (대)명사를 수식하여 성질 또는 상태를 나타낸다. 이때 형용사는 수식하는 (대)명사의 성수에 일치하여야 한다.

① 일반적으로 형용사의 여성형은 남성형용사 + e 이다.

petit [쁘띠] → petit**e** [쁘띠뜨] 작은 　　joli [죨리] → joli**e** [죨리] 귀여운

grand [그렁] → grand**e** [그렁드] 큰 　　français [프렁쎄] → français**e** [프렁쎄즈] 프랑스(인)의

② 남성형용사의 어미가 본래 -e로 끝날 경우, 남성형용사 그대로 여성형용사로 쓰인다.

un homme aimable [엉‿놈 / 에마블] 상냥한 남자

→ une femme aimable [윈 팜 / 에마블] 상냥한 여자

③ 남성형용사 어미가 아래 왼쪽과 같이 끝날 경우, 여성형은 다음과 같이 변한다.

-el → -elle : maternel [마떼흐넬] → maternelle [마떼흐넬] 어머니 같은

-al → -ale : génial [제니얄] → géniale [제니얄] 멋진

-il → -ille : gentil [졍띠] → gentille [졍띠으] 친절한

-en → -enne : coréen [꼬레앵] → coréenne [꼬레엔느] 한국(인)의

-er → -ère : premier [프르미에] → première [프르미에-흐] 첫째의

-on → -onne : mignon [미뇽] → mignonne [미뇬느] 귀여운

-x → -se : sérieux [쎄리여] → sérieuse [쎄리여즈] 신중한

-f → -ve : neuf [눠프] → neuve [눠-브] 새로운

☞ 본서에 나오는 모든 형용사는 남성형 다음에 괄호 안에 이탤릭체로 여성형을 병기하였다. 예) heureu*x*(*se*) : **남성형용사** heureux vs **여성형용사** heureuse

[2] 형용사의 복수형 만들기

① 원칙적으로 단수형용사의 어미에 -s를 덧붙인다.

un brillant élève [엉 브리영‿뗄레브] 우등생

→ de **brillants** élèves [드 브리영‿젤레브] 우등생들

une jolie fille [윈 죨리 피으] 예쁜 소녀

→ de **jolies** filles [드 죨리 피으] 예쁜 소녀들

☞ 부정관사 un / une + 단수형용사 + 단수명사 ⇨ de (d') + 복수형용사 + 복수명사 (이때 사용된 de (d')는 전치사가 아니라 부정관사 복수형의 변이형이다.)

② 단수의 어미가 -s, -x 이면 불변이다.

cheveu **gris** [슈붜 그리] → cheveux **gris** [슈붜 그리] 회색빛 머리카락

③ 단수의 어미가 -eau로 끝나면 -x를 덧붙인다.

beau garçon [보 갸흐쏭] 잘생긴 소년 → **beaux** **garçons** [보 갸흐쏭] 잘생긴 소년들

☞ 연음이 생기는 경우를 제외하고는, 남성단수형과 남성복수형, 여성단수형과 여성복수형의 발음은 대체로 동일하다.

☞ 형용사의 복수형 만드는 방법은 명사의 복수형 만드는 법과 거의 비슷하다.

☞ 형용사의 성수는 명사의 성수에 일치시키되, 다음 경우에는 주의가 필요하다.

- 하나의 형용사가 두 가지의 명사를 동시에 수식하면 복수형용사를 사용한다.

un livre et un journal **coréens** 한국어 책과 한국어 신문

une table et une chaise **blanches** 흰 테이블과 흰 의자

- 명사의 성이 다르면 남성복수형용사를 사용한다.

mon frère et ma sœur **sérieux** 침착한 나의 형제와 누이

☞ frère(**남자형제**) / sœur(**여자형제**) : **손위 혹은 손아래의 구분 없이 쓰인다.**

[3] 의문대명사 qui (누구)

사람을 나타내며, 주격, 속격, 목적격으로 쓰이고, 전치사와 함께 쓸 수 있다.

주격 **Qui** est Charles? [끼 에 샤를르] 누가 샤를르이니?

속격 **Qui** êtes-vous? [끼 에뜨 부] 당신은 누구세요?

목적격 **Qui** aimez-vous? [끼 에메 부] 누구를 좋아하세요?

상황보어 Tu parles avec **qui**? [뛰 빠흘르 아벡 끼] 누구와 얘기하고 있니?

☞ 일상회화에서는 의문사 qui를 문미에 두기도 한다.

C'est **qui**?[쎄 끼] = **Qui** est-ce? [끼 에 쓰] 누구세요?

▸ **의문문 구성에 대해서는 6과 스피드문법 참조하시오.**

[4] être 동사 + 속사

속사란? **être동사와 결합하는 형용사 또는 명사를 일컫는 문법용어**이다.
기본 용법은 다음과 같다.

▸ être + 형용사 (주어에 맞추어 형용사의 성수를 일치시킨다)

Je suis petit(*e*). [쥬 쒸이 쁘띠(뜨)] 나는 키가 크다.

Il est grand. [일 에 그렁] 그는 키가 크다.

▸ être + 관사 + 명사

C'est un Français. [쎄‿떵 프렁쎄] 이 사람은 프랑스인이다.

Je suis une femme. [쥬 쒸이 윈 팜므] 나는 여자이다.

☞ 명사가 직업, 신분, 국적 등을 나타낼 때는 관사가 생략된다.

Elle est médecin. [엘 에 멘쌩] 그녀는 의사이다.

Ils sont étudiants. [일 쏭‿떼뛰디영] 그들은 대학생들이다.

Elle est coréenne. [엘 에 꼬레엔느] 그녀는 한국인이다.

✓ 꼭! 알아둘 동사

☞ 핵심동사 être와 avoir 변화형을 반드시 숙지하고 다음 장으로 넘어간다.

① être [에트흐] ~이다, ~있다 (≒ 영어의 be동사)

je suis [쥬 쒸이]	nous sommes [누 쏨]
tu es [뛰 에]	vous êtes [부‿젤]
il est [일 에]	ils sont [일 쏭]
elle est [엘 에]	elles sont [엘 쏭]

② avoir [아부아-흐] 가지고 있다 (≒ 영어의 have동사)

j'ai [제]	nous avons [누‿자봉]
tu as [뛰 아]	vous avez [부‿자베]
il a [일 아] ([일‿라])	ils ont [일‿종]
elle a [엘 아]	elles ont [엘‿종]

Français et culture

프랑스어와 문화이야기 (5)

▌프랑스의 학제 (Les écoles en France)

프랑스의 학제는 école maternelle [에꼴 마떼흐넬](유치원) 3년, école primaire [에꼴 프리메-흐] (초등학교) 5년, collège [꼴레쥬] (중학교) 4년, lycée [리쎄] (고등학교) 3년, 그리고 대학의 고등교육으로 구성되어 있다. 특히 중등교육의 학년을 매기는 방법이 우리와 아주 다르다. 우리나라의 고등학교 3학년에 해당되는 학년을 '마지막 학년' 즉, en terminal [엉 떼흐미날] 이라고 부르며, 고등학교 2학년을 en premier [엉 프르미예], 고등학교 1학년 en deuxième [엉 듀지엠],... 중학교 1학년 en sixième [엉 씨지엠]이라고 한다.

다음 표현들은 학교생활에서 자주 들을 수 있다.

- mon emploi du temps [모‿넝쁠루아 뒤 떵] 나의 시간표
- ma matière préférée [마 마티에-흐 프레페레] 내가 좋아하는 과목
- le cours [르 꾸-흐] 수업
- les devoirs [레 드부아-흐] 숙제
- vacances scolaires, universitaires [바껑쓰 쓰꼴레-흐, 위니베흐씨떼-흐] 방학
- les grandes vacances [레 그렁드 바껑쓰] 여름방학
- la rentrée [라 헝트레] 개학
- Je suis fort(*e*) en maths. [쥬 쒸이 포-흐(뜨) 엉 마뜨] 나는 수학을 잘한다.
- Je suis nul(*le*) en anglais. [쥬 쒸이 뉠 엉‿넝글레] 나는 영어는 잘 못한다.

세 나라 언어로 보는 격언 한마디

Loin des yeux, loin du cœur.
Out of sight, out of mind.
눈에서 멀어지면 마음도 멀어진다.

Leçon 6 Il y a une chambre.

방 하나가 있어요.

Conversation I

Cécile Regarde là-bas! Voilà la tour Eiffel.
Elle est très grande et très jolie.
Et c'est une très belle tour, n'est-ce pas?

Minsou Oui, c'est vrai.

Cécile J'aime bien aller la voir après le travail, parce que mon bureau est au centre, près du Palais de Chaillot.

Minsou Ah, c'est bien!

세실 저기 좀 봐! 저기 에펠탑이 있어. 아주 크고 아름다워. 아주 아름다운 탑이야, 그렇지?
민수 응, 맞아.
세실 나는 일이 끝나고 나면 종종 에펠탑을 보러가는 걸 좋아해. 왜냐하면 내 사무실이 샤이요궁 근처의 파리 시내에 있거든.
민수 아! 그것 참 좋네!

Conversation II

Paul Salut Bora! Tu habites où, à Paris?

Bora J'habite en banlieue dans un petit appartement. Il y a une chambre à coucher, un salon, une salle à manger, une cuisinière et une salle de bain. Dans ma chambre, il y a un lit, un bureau, une chaise, une bibliothèque et une étagère.

Paul Et qu'est-ce qu'il y a dans la salle de bain?

Bora Il y a une douche, un lavabo et aussi un miroir.

Paul Est-ce qu'il y a un balcon aussi?

Bora Non, il n'y a pas de balcon dans mon appartement.

폴	안녕 보라! 너 어디 사니? 파리에 사니?
보라	나는 파리 외곽지역의 작은 아파트에서 살고 있어. 침실 하나, 거실, 식당과 부엌, 그리고 욕실이 있어. 내 방에는 침대, 탁자, 의자, 책장, 그리고 선반 하나가 있어.
폴	그러면 욕실에는 무엇이 있니?
보라	샤워대, 세면대 그리고 거울이 있어.
폴	발코니도 있니?
보라	아니, 내 아파트에는 발코니가 없어.

단어 & 표현

six [씨쓰] 여섯의, (서수적 용법) 여섯째의

là-bas [라-바] 저기(에)

voilà [부알라] 저기 ~있다, 저것은 ~ 이다

tour [뚜흐] n.f. 탑 / la tour Eiffel 에펠탑

beau(lle) [보(벨)] 아름다운

n'est-ce pas? [네-쓰 빠] (부가의문문 만드는 표현) 그렇지 않니?

☞ n'est-ce pas?는 긍정이든 부정이든 형태변화 없이 쓰인다.

☞ aller la voir 그것을(la) 보러 가다 (la = la tour Eiffel)

• aller + 동사원형 ~ 하러 가다

☞ 동사원형 앞의 la : 목적격 대명사 ▸스피드 문법 참조

après [아프레] (시간) ~후에

travail [트라바이으] n.m. 일, 작업, 노동

parce que [빠흐쓰 끄] ~ 때문에

mon, ma, mes [몽, 마, 메] 나의 ▸4과 스피드 문법 참조

au [오] (à + le) ~ 에(서)

centre [썽트흐] n.m. 중심가 / au centre 중심가에

près [프레] ~가까이에

palais [빨레] n.m. 궁전

• Palais de Chaillot [빨레 드 샤이요] 샤이요 궁 : 에펠탑 근처의 웅장한 건물로서 국립극장, 박물관 등이 있다.

ah! [아] 감탄, 강조의 표현

banlieue [벙리으] n.f. (대도시의) 주변 지역

• en banlieue 교외에

dans [덩] ~안에

appartement [아빠흐뜨멍] n.m. 아파트

Il y a [일‿리 야] ~이 있다 (비인칭구문)

• Il n'y a pas ~ [일 니 야 빠] ~이 없다 ▸스피드 문법 참조

chambre [셩-브흐] n.f. 방 / chambre à coucher [셩브흐 아 꾸셰] 침실

salon [쌀롱] n.m. 살롱, 거실

salle [쌀] n.f. (주거지의) 방, 실(室) / salle à manger [쌀‿라 멍제] 식당 / salle de bain [쌀 드 뱅] 욕실

cuisinière [뀌이지니예-흐] n.f. (요리를 할 수 있는 기구가 설치된) 조리대

lit [리] n.m. 침대

bureau [뷔호] n.m. 사무실, (사무용) 책상

chaise [셰-즈] n.f. 의자

bibliothèque [비블리오떼끄] n.f. 책장, 도서관

étagère [에따제-흐] n.f. 선반

douche [두슈] n.f. 샤워(실)

lavabo [라바보] n.m 세면대

miroir [미후아-흐] n.m. 거울

balcon [발꽁] n.m. 발코니

aussi [오씨] 또한, 역시

de [드] 부정의 de ▸스피드 문법 참조

➔ 스피드 문법

[1] il y a의 의미

① ~이 있다

Il y a des hommes dans la rue. 거리에 사람들이 있다.

☞ ~이 없다 : Il n'y a pas de bureau à moi. 나에게는 사무실이 없다.

② ~이 일어나다

Qu'est-ce qu'il y a? 무슨 일이니?

③ (시간) ~전에 (전치사처럼 기능)

Elle est venue à Paris il y a deux ans. 그녀는 2년 전에 파리에 왔다.

[2] 명령문

명령문은 어떤 일을 요구, 희망, 제안을 표현하고자 할 때 명령문의 형식을 취한다.
명령문은 2인칭 단수(tu)와 복수(vous) 그리고 1인칭 복수(nous) 밖에 없다.
몇몇의 예외를 제외하고는 현재시제의 동사변화 형태를 그대로 취한다.

regarder 동사의 명령문	
2인칭 단수 (tu)	Regarde la tour Eiffel! 에펠탑을 봐라!
1인칭 복수 (nous)	Regardons la tour Eiffel! 에펠탑을 보자!
2인칭 복수 (vous)	Regardez la tour Eiffel! 에펠탑을 보세요!

▸ 원칙적으로 2인칭 단수 현재시제 동사변화의 -s를 탈락시킨다.

tu regardes → Regarde! 보아라!
tu vas vite → Va vite! 빨리 가라! ☞ (예외) Vas-y! [바‿지] 그곳에 가라!
tu parles→ Parle! 얘기해라!

☞ 부정명령문 Ne me téléphone pas! 내게 전화하지 마라!

[3] 의문문 만들기

① 의문사가 없는 경우

▸ 억양의 상승 : 회화체에서 많이 쓰이는 형식으로 어순은 평서문 어순을 그대로 하되 문장말미를 올린다.

Elle est étudiante?↗ 그녀는 학생이니? - Oui, elle est étudiante.↘

▸ 문두에 est-ce que를 붙이는 의문문 : 평서문의 어순을 그대로 뒤에 따르면 된다.

Est-ce que Paul est intelligent? 폴이 총명하니? - Oui, il est intelligent.

☞ Est-ce que의 que는 모음이나 무음 h로 시작하는 단어 앞에서 qu'로 된다.

Est-ce qu'il y a des étudiants? 학생들이 있니?

☞ c'est의 복수 ce sont은 도치형을 쓰지 않고, 반드시 Est-ce que ce sont으로 해야 한다.

Est-ce que ce sont des Coréens? 이 사람들은 한국사람들인가요?

▸ **단순도치** : 의문문 주어가 인칭대명사 또는 ce, on일 때, 주어와 동사의 위치를 바꾸고 '–' 으로 묶어준다.

Êtes-vous M. Dupont? 당신이 Dupont씨 입니까?

Aimes-tu le café? 커피를 좋아하니?

Est-ce un hôtel? 이것은 호텔인가요?

☞ 동사가 모음으로 끝나는 경우에는 모음 중복을 피하기 위한 발음상의 이유 때문에 동사와 주어 사이에 t를 삽입한다.

Aime-**t**-il le café? 그는 커피를 좋아하니?

A-**t**-elle des frères? 그녀는 형제들이 있나요?

▸ **복합도치** : 주어가 명사인 경우에는 주어를 문두에 놓고 그 주어에 해당하는 인칭 대명사를 동사와 도치시켜 의문형을 만든다.

Marie **aime-t-elle** le café? Marie가 커피를 좋아하니?

② 의문사가 있는 의문문

▸ 주어 + 동사 + 의문사?

Vous vous appelez **comment**? 당신 이름이 무엇입니까?

Vous allez **comment**? 어떻게 지내세요?

Vous allez **où**? 어디 가세요?

Vous habitez **où**? 어디 사세요?

Vous faites **quoi**? 당신은 무엇을 하시나요?

☞ que : 문장 맨 끝으로 가는 경우 quoi로 바뀐다.

▸ 의문사 + 동사 + 주어?

Comment vous appelez-vous? 당신 이름이 무엇입니까?

Comment allez-vous? 어떻게 지내세요?

Où allez-vous? 어디 가세요?

Où habitez-vous? 어디 사세요?

Que faites-vous? 당신은 무엇을 하시나요?

▸ 의문사 + est-ce que + 주어 + 동사?

Où est-ce que vous allez? 어디 가세요?

Où est-ce que vous habitez? 어디 사세요?

Qu'est-ce que vous faites? 무엇을 하시나요?

[4] 직접목적격 대명사 ▸2과 스피드 문법 & 14과 스피드 문법 [2]번 참조

① 형태

주어 인칭 대명사	je (j')	tu	il	elle	nous	vous	ils/elles
직접 보어 (~을)	me (m')	te (t')	le (l')	la (l')	nous	vous	les

▸ 위치는 동사 바로 앞에 놓인다.

J'aime Paul. 나는 폴을 좋아한다. → Je l'aime. (l' = le의 축약형)

Je regarde la tour Eiffel. 나는 에펠탑을 본다. → Je la regarde.

J'appelle les étudiants. 나는 학생들을 부른다. → Je les appelle.

☞ me, te, le, la의 경우, 다음에 오는 동사가 모음이나 무음 h일 때 축약된다.

Je t'aime. 나는 너를 사랑한다.

Je l'aime. 나는 그를 좋아한다.

② 용법

▸ me, te, nous, vous : 사람을 대신한다.

Je **t'**aime. 나는 너를 좋아한다.

▸ le, la, les : 사람이나 사물을 대신한다.

Je regarde Paul. 나는 폴을 본다.

→ Je le regarde. 나는 폴을 본다.

J'aime bien aller voir Paul. 나는 폴을 보러 가길 아주 좋아한다.

→ J'aime bien aller le voir. 나는 그를 보러 가길 좋아한다.

Je regarde la tour Eiffel. 나는 에펠탑을 본다.

→ Je la regarde. 나는 그것을 본다.

J'aime bien aller voir la tour Eiffel. 나는 에펠탑을 보러 가길 아주 좋아한다.

→ J'aime bien aller la voir. 나는 그것을 보러 가길 좋아한다.

[5] 부정의 de

타동사가 부정되면 목적어의 부정관사(un, une, des) 및 부분관사(du, de la, des)가 de로 바뀌는 현상이다.

J'ai une voiture. → Je n'ai pas **de** voiture.

Il y a une maison. → Il n'y a pas **de** maison.

z **주의사항**

- être동사구문에서는 부정의 de로 바뀌지 않는다.

  C'est une maison. → Ce n'est pas **une** maison.

- 정관사 le, la, les : 부정문에서도 de로 바뀌지는 않는다.

  Tu as la clef. ⇒ Je n'ai pas **la** clef.

  ⇏ Je n'ai pas de clef. (×)

  J'aime le cinéma. ⇒ Je n'aime pas **le** cinéma.

  ⇏ Je n'aime pas de cinéma. (×)

꼭! 알아둘 동사

regarder [흐갸흐데] 바라보다

je regarde [쥬 흐갸흐드]	nous regardons [누 흐갸흐동]
tu regardes [뛰 흐갸흐드]	vous regardez [부 흐갸흐데]
il regarde [일 흐갸흐드]	ils regardent [일 흐갸흐드]
elle regarde [엘 흐갸흐드]	elles regardent [엘 흐갸흐드]

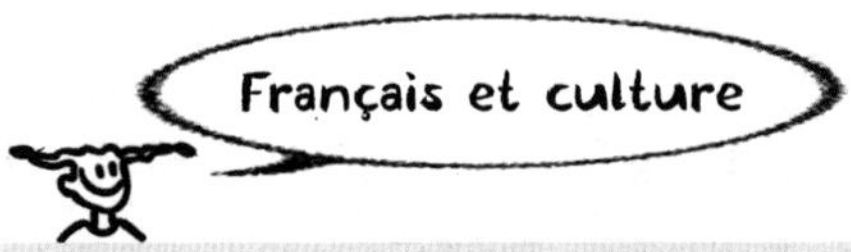

프랑스어와 문화이야기 (6)

La salle de bains (욕실) & les toilettes (화장실)

프랑스에서 salle de bains [쌀 드 뱅]은 말 그대로 몸을 씻는 장소이기 때문에 변기가 없는 경우가 많다. 그렇기 때문에 화장실을 찾는다면 Où se trouvent les toilettes? [우 쓰 트루브 레 뚜알렐] 또는 Où se trouvent les W-C? [우 쓰 트루브 레 베쎄] 라고 확실히 물어야 할 것이다.

☞ **W-C [베쎄] 발음에 주의할 것** ([두블루베쎄] : **잘 쓰지 않음)**

Leçon 7 Je suis libre.

나는 한가해요.

Conversation I

Bora Salut Olivier, ça va?

Olivier Pas mal, merci, et toi?

Bora Ça va, merci.

Olivier Ce soir, je vais dîner chez moi avec mes parents. Ensuite, on va aller au cinéma.

Bora Ils vont bien, tes parents?

Olivier Oui, ils vont mieux. Tu veux venir dîner avec nous?

Bora C'est très gentil, mais j'ai du travail ce soir.

Olivier C'est dommage. Alors, à la prochaine fois.

Bora D'accord, à la prochaine fois.

보라 안녕 올리비에, 잘 지내니?

올리비에 그럭저럭 지내고 있어. 고마워, 너는?

보라 좋아. 고마워.

올리비에 오늘 저녁에 우리 부모님과 집에서 저녁식사하고, 그리고 나서 영화 보러 갈거야.

보라 네 부모님은 잘 계시니?

올리비에 응 잘 지내셔. 우리 함께 저녁식사 할래?

보라 고마워. 근데 나는 오늘 저녁에 할 일이 있어.

올리비에 하는 수 없지. 그러면 다음에 하자.

보라 응, 그럼 다음번에.

Conversation II

Robert On va prendre un verre?

Bora Avec plaisir!

Robert Voilà justement un café.

Garçon Bonsoir, vous êtes combien?

Robert Bonsoir, nous sommes deux.

Garçon Par ici, s'il vous plaît. Asseyez-vous.

Robert Qu'est-ce que tu prends?

Bora Je veux un café, et toi?

Robert Moi, un demi et un verre d'eau.

로베르 우리 한 잔 하러 갈까?
보라 좋지.
로베르 저기 마침 커피숍이 있네.
웨이터 안녕하세요. 몇 분이신가요?
로베르 안녕하세요, 우린 두 사람이에요.
웨이터 이쪽으로 와서 앉으세요.
로베르 너 뭐 먹을래?
보라 나는 커피, 너는?
로베르 나는 생맥주하고 물 한 잔 할게요.

단어 & 표현

sept [쎄뜨] 일곱의, (서수적 용법) 일곱째의
☞ p 묵음

libre [리브흐] 한가한, 시간이 있는

pas mal [빠 말] 그럭저럭 잘
☞ Ça ne va pas mal의 준말
• Ça ne va pas mal의 준말

soir [쑤아-흐] n.m. 저녁

ce soir [쓰 쑤아-흐] 오늘 저녁에

aller [알레] (+동사원형) ①(목적) ~하러 가다 ②(근접미래) 곧 ~할 것이다 ▸스피드 문법 참조

dîner [디네] 저녁식사하다.
• Je vais dîner chez moi. [쥬 베 디네 셰 모아] 나는 저녁식사를 집에서 할 것이다.

chez [셰] ~의 집에
• chez moi 나의 집에서
• chez M.Dupont 뒤퐁씨 댁

mes [메] 나의 (+복수명사)

parents [빠헝] n. pl. 부모

ensuite [엉쒸이뜨] 그리고 나서

on [옹] (항상 주어로 쓰이며 남성단수로 취급) ① 우리 (=nous) On y va? 우리 거기 갈까? ② 누군가 (≒영어의 one) On vient. 누군가 오고 있다. ③ 사람들 (≒ 영어의 they) On en a parlé. 사람들이 그것에 대해 수근댔다.

cinéma [씨네마] n.m. 영화(관)
• On va aller au cinéma. [옹 바 알레 오 씨네마] 우리는 영화 보러 갈 것이다.

tes [떼] 너의 (+복수명사)

mieux [미유으] 더 잘 (bien의 비교급)

vouloir [불루아-흐] 원하다
• Je veux un café. [쥬 붜 엉 까페] 나는 커피 한 잔을 원해요.

venir [브니-흐] (+ 동사원형) ~하러 오다
• Tu veux venir dîner avec nous? 너는 우리와 함께 식사하러 오길 원하니?

travail [트라바이으] n.m. 일
• avoir du travail (=avoir des choses à faire) 할 일이 좀 있다.

dommage [도마쥬] n.m. 유감스런 일, 손실

- C'est dommage! [쎄 도마쥬] 유감스럽네, 하는 수 없지! (=Tant pis! [떵 삐])

prochain(*e*) [프로생(센느)] 다음의

fois [푸아] n.f. 번, 회(回)

- A la prochaine fois! [알 라 프로셴느 푸아] 다음(번)에 하자!

accord [아꼬-흐] n.m. 동의

☞ d'accord : de + accord (모음축약)

plaisir [쁠레지-흐] n.m. 기쁨

❖ 동의 표현

- D'accord! [다꼬-흐] 좋아요!
- Avec plaisir! [아벡 쁠레지-흐] 좋아요!
- Bien sûr! [비앵 쒸흐] 물론!
- Tout à fait! [뚜‿따 페] 전적으로!
- Absolument! [앞쏠뤼멍] 물론!

❖ 반대 표현

- Mais non! [메 농] 천만에!
- Absolument pas! [앞쏠뤼멍 빠] 물론 아니지!
- hors de question! [오흐 드 께쓰티용] 말도 안 되지!

prendre [프렁-드흐] 먹다

verre [베-흐] n.m. 컵

- un verre [엉 베-흐] 한 잔

justement [쥐쓰뜨멍] 마침

Bonsoir! [봉쑤아-흐] n.m. (저녁인사) 안녕하세요!

combien [꽁비앵] 몇 (수량에 관한 의문문)

☞ combien + de + 명사

- Vous êtes combien? [부‿젤 꽁비앵] 몇 분이신가요?
- Ça coûte combien? [싸 꾸뜨 꽁비앵] 얼마죠?
- Combien d'amis avez-vous? [꽁비앵 다미 아베 부] 친구가 몇 분이세요?

deux [둬] 둘(의)

Par ici [빠‿리씨] 이쪽으로

s'il vous plaît [씰 부 쁠레] (공손한 표현) 미안하지만

s'asseoir [싸쑤아-흐] 앉다

- Asseyez-vous! [아쎄예 부] 앉으세요.

que [끄] 무엇을

demi [드미] n.m. 생맥주 반 컵 (250cc 정도)

eau [오] n.f. 물

- un verre d'eau [엉 베흐 도] 물 한잔
- une carafe d'eau [윈 꺄랖 도] 물 한 병
- une bouteille d'eau minérale [윈 부떼이 도 미네할] 미네랄워터 한 병
- un café [엉 꺄페] 커피 한 잔
- un thé [엉 떼] 차 한 잔
- un verre [엉 베-흐] 술 한 잔
- une bière [윈 비에-흐] 맥주 한 잔
- un demi(-pression) [엉 드미(-프레씨용)] 생맥주 250cc

➩ 스피드 문법

[1] aller + 동사원형의 두 가지 의미

① 주어 = 사람 (목적) : ~하러 가다

Attendez-moi, je vais chercher Paul. 기다려줘, 내가 폴을 찾으러 갈게.

② 주어 = 사람 / 사물 (근접미래) : 곧 ~ 할 것이다

Ils vont partir tout de suite. 그들은 곧 떠날 거야.

[2] 수사

• 기수 1~20

1	un(*e*) [앵(윈느)]	11	onze [옹즈]
2	deux [둬]	12	douze [두즈]
3	trois [트루아]	13	treize [트레즈]
4	quatre [꺄트흐]	14	quatorze [꺄또흐즈]
5	cinq [쌩끄]	15	quinze [깽즈]
6	six [씨쓰]	16	seize [쎄즈]
7	sept [쎝] (p 묵음)	17	dix-sept [디-쎝] (p 묵음)
8	huit [위잍]	18	dix-huit [디‿쥐잍]
9	neuf [눠프]	19	dix-neuf [디즈 눠프]
10	dix [디쓰]	20	vingt [뱅]

• 기수 21~100

21	vingt et un(*e*) [뱅‿떼 앵(윈느)]	22	vingt-deux [뱅뜨 둬]	30	trente [트렁뜨]
31	trente et un(*e*)	32	trente-deux	40	quarante [꺄렁뜨]
41	quarante et un(*e*)	42	quarante-deux	50	cinquante [쌩껑뜨]
51	cinquante et un(*e*)	52	cinquante-deux	60	soixante [쑤아썽뜨]
61	soixante et un(*e*)	62	soixante-deux	70	soixante-dix [쑤아썽뜨 디쓰]
71	soixante et onze	72	soixante-douze	80	quatre-vingts [꺄트흐 뱅]
81	quatre-vingt-un(*e*) [꺄트흐 뱅 앵(윈느)]	82	quatre-vingt-deux [꺄트흐 뱅 둬]	90	quatre-vingt-dix [꺄트흐 뱅 디쓰]
91	quatre-vingt-onze [꺄트흐 뱅 옹즈]	92	quatre-vingt-douze [꺄트흐 뱅 두즈]	100	cent [썽]

☞ un + 남성명사 → une + 여성명사 : trente et une filles 31명의 처녀들

☞ quatre-vingts : 뒤에 수사가 따라오면 -s가 탈락된다.

• 기수 100 이상의 수

101	cent un(*e*) [썽 앵(윈느)]	200	deux cents [둬 썽]
201	deux cent un(*e*) [둬 썽 앵(윈느)]	1,000	mille [밀]
2,000	deux mille [둬 밀]	10,000	dix mille [디 밀]
100,000	cent mille [썽 밀]	1,000,000	un million [앵 밀리용]
10,000,000	dix millions [디 밀리용]	1,000,000,000	un milliard [앵 밀리야-흐]

☞ cent : 뒤에 다른 수사가 따라오면 -s가 탈락된다.

☞ mille : 항상 단수로 표기한다.

✓ 꼭! 알아둘 동사

① vouloir [불루아-흐] 원하다

je veux [쥬 붜]	nous voulons [누 불롱]
tu veux [뛰 붜]	vous voulez [부 불레]
il veut [일 붜]	ils veulent [일 뷜르]
elle veut [엘 붜]	elles veulent [엘 뷜르]

② prendre [프렁-드흐] 먹다

je prends [쥬 프렁]	nous prenons [누 프르농]
tu prends [뛰 프렁]	vous prenez [부 프르네]
il prend [일 프렁]	ils prennent [일 프렌느]
elle prend [엘 프렁]	elles prennent [엘 프렌느]

③ s'asseoir [싸쑤아-흐] 앉다

je m'assieds [쥬 마씨에]	nous nous asseyons [누 누‿자쎄이옹]
tu t'assieds [뛰 따씨에]	vous vous asseyez [부 부‿자쎄이예]
il s'assied [일 싸씨에]	ils s'asseyent [일 싸쎄이으]
elle s'assied [엘 싸씨에]	elles s'asseyent [엘 싸쎄이으]

Français et culture

프랑스어와 문화이야기 (7)

Monsieur! Une carafe d'eau, s'il vous plaît!

프랑스 식당에서 물을 마시고 싶다면 Monsieur! Une carafe d'eau, s'il vous plaît! [윈 꺄학 도, 씰 부 쁠레]라고 말해야 한다. 그렇지 않으면 보통은 테이블 위에 물을 가져다주지 않는다. 이 물은 수돗물이기 때문에, 미네랄워터를 원한다면 대부분은 특정 상표를 이용하여 Une bouteille d'Evian [윈 부떼이 데비양], 혹은 Une bouteille de Vittel [윈 부떼이 드 비뗄], 혹은 탄산가스가 든 미네랄워터를 마시고 싶다면 Une bouteille de Perrier [윈 부떼이 드 뻬리예]를 주문한다.

한편, 식당종업원을 호출하고 싶을 때는 Monsieur, s'il vous plaît! [머씨유으, 씰 부 쁠레], 여종업원이면 Madame, s'il vous plaît! [마담, 씰 부 쁠레], 혹은 젊은 여종업원이면 Mademoiselle, s'il vous plaît! [마드무아젤, 씰 부 쁠레]라고 불러야 한다. Garçon! [가흐쏭]이라고 부르면 실례이다.

세 나라 언어로 보는 격언 한마디

La parole est d'argent, le silence est d'or.
Speech is silver, but silence is golden.
웅변은 은이요, 침묵은 금이다.

Leçon 8 Elle a quel âge?

그녀는 몇 살이에요?

Conversation I

Bora Qui sont ces personnes sur la photo?

Robert Fais voir! Cet homme, mon ami Paul, il a 22 ans.

Bora Et là, à côté de lui?

Robert C'est Emile; elle est la petite sœur de Paul.

Bora Elle a l'air très jolie. Elle a quel âge?

Robert 18 ans. Et ici, c'est moi et je ne te dis pas mon âge!

보라 이 사진 속 사람들은 누구니?
로버트 보여줘, 이 사람은 내 친구 폴이고, 22살이야.
보라 그럼 그 옆 사람은?
로버트 에밀이야. 폴의 여동생이지.
보라 그녀는 아주 예뻐 보인다. 나이가 몇이지?
로버트 18살이야. 그리고 여기가 나야. 내 나이에 대해서는 네게 말 안 해!

Conversation II

Policier Quel est votre nom? Et Prénom?
Vous avez quel âge?
Vous avez une profession?
Quand est-ce que vous êtes arrivée en Corée?
Et pour quoi faire?
Qu'est-ce que vous avez perdu parmi vos affaires?
Et enfin, où est-ce que vous logez maintenant?

Touriste Je m'appelle Dupont, Sylvie Dupont.
J'ai 45 ans.

Je suis photographe.
Je suis arrivée avant-hier pour faire de belles photos en Corée.
J'ai perdu mon passeport avec mon sac, en visitant le palais Gyongbok. Je loge à l'hôtel Royal, au bout de la rue Choongmooro.

경찰관 성함은 무엇입니까?
나이는요?
직업은 있습니까?
한국에는 언제 도착했으며, 그리고 방문목적은 무엇입니까?
당신 소지품 중에서 무엇이 분실되었나요?
그리고 끝으로, 지금 어디서 숙박하고 계신가요?

여행객 제 이름은 실비 뒤퐁입니다.
나이는 45이고요.
사진작가입니다.
저는 그저께 한국에 도착했고요, 한국에서 아름다운 사진들을 촬영하려고 왔습니다.
저는 경복궁을 구경하던 중에 제 가방하고 여권을 잃어버렸습니다.
저는 충무로 끝에 위치한 로얄 호텔에서 머물고 있습니다.

단어 & 표현

quel(*le*) [껠] 어떤, 무슨

âge [아쥬] n.m. 나이

personne [뻬흐쏜] n. f. 사람

photo [포또] n. f. 사진

faire [페-흐] ~하다

☞ faire + 동사원형 ~ 하게 하다

- Fais voir! 보여줘!

cet [쎄t‿] (+ 모음 / 무음 h로 시작되는 남성명사) 이, 그, 저 ▸스피드 문법 참조

homme [옴므] n.m. 남자

an [엉] n.m. 나이(세), 해(년)

côté [꼬떼] n.m 측면

- à côté de [아 꼬떼 드] ~의 옆에

lui [뤼이] 그 (il의 강세형) ▸스피드 문법 참조

sœur [쒀-흐] n.f. 여자형제

- petite sœur [쁘띨 쒀-흐] 여동생
- grande sœur [그렁드 쒀-흐] 누나, 언니
- petit frère [쁘띠 프레-흐] 남동생
- grand frère [그렁 프레-흐] 형, 오빠
- aîné(*e*) [에네] 맏이(의), 손위(의)
- cadet(*te*) [까데(뜨)] 막내(의), 손아래(의)

air [에-흐] n.m. 외양, 공기

te [뜨] 너에게, 너를

dire [디-흐] 말하다

nom [농] n.m. 성씨(姓氏)

prénom [프레농] n.m. 이름

profession [프로페씨옹] n.f. 직업

quand [껑] 언제

est-ce que [에 쓰 끄] 의문문 만드는 어구

arriver [아리베] 도착하다

- Quand est-ce que vous arrivez en Corée?
  당신은 한국에 언제 도착해요?

- Quand est-ce que vous êtes arrivé(*e*)(*s*) en Corée? 당신은 한국에 언제 도착했나요? ▸ 과거분사 일치 : 스피드 문법 참조

pour [뿌-흐] ~위하여

enfin [엉팽] 끝으로

loger [로제] 숙박하다

maintenant [맹뜨넝] 지금

photographe [포토그랖] 사진사

avant-hier [아벙‿티예-흐] 그저께

- hier [이예-흐] 어제

perdre [뻬흐드르] 잃다

visiter [비지떼] 방문하다

sac [싹] n.m. 가방

passeport [빠쓰뽀-흐] n.m. 여권

hôtel [오뗄] n.m. 호텔

bout [부] n.m. (물체 · 공간 · 시간) 말단

- au bout de [오 부 드] ~의 끝에

rue [뤼] n.f. 길, 거리

➔ 스피드 문법

[1] 의문형용사 quel, quelle, quels, quelles

'어떤, 무슨, 어느' 등의 의문의 뜻을 나타내는 형용사로서 항상 명사와 함께 쓰이며, 다음과 같이 그 명사의 성수에 형태를 일치시켜 사용해야 한다.

① 형태

남성 단수	quel + ami	여성 단수	quelle + amie
남성 복수	quels + amis	여성 복수	quelles + amies

② 용법

▸ 'quel + 명사'의 형태로 쓰인다.

Quel âge as-tu? 너는 몇 살이니?

Quelle heure est-il? 몇 시입니까?

▸ être 동사와는 단독으로 쓰인다. (다른 동사와는 단독으로 사용 불가)

Quel est son nom? 그의 성은 뭡니까?

Quelle est votre profession? 당신의 직업이 뭐예요?

☞ Quel(*le*)의 형태 : 뒤에 언급될 주어(nom, profession)의 성수에 일치시킨다.

▸ 감탄 형용사 : 항상 명사를 수반한다.

Quelle chance!

Quelle bonne idée! 참 좋은 생각이군!

[2] 지시형용사 ce(t), cette, ces

지시된 사람이나 사물을 가리키는 형용사로서, 수식하는 성과 수에 일치시킨다.

① 형태

	남성	여성
단수	ce (cet)	cette
복수	ces	

ce monsieur [쓰 머씨유으으] 이 남자분

cet homme [쎄‿똠므] 이 남자

ces hommes [쎄‿좀므] 이 남자들

cette fille [쎌 피으] 이 소녀

ces filles [쎄 피으] 이 소녀들

☞ 모음이나 무음 h로 시작하는 남성 단수명사 앞에서는 ce → cet 가 된다.

☞ 형태변화를 하지 않는 지시대명사 ce와 혼동하지 않도록 주의한다.

② 기본 용법

▸ 일반적으로 명사를 지시한다.

Tu connais **ce** monsieur? 너 이 남자분 알아?

▸ 시간

ce matin [쓰 마땡] 오늘 아침

cet après-midi [쎄‿따프레 미디] 오늘 오후

ce mois [쓰 무아] 이번 달

cette fois [쎌 푸아] 이번에

[3] 강세 인칭대명사의 용법

① 형태

인칭대명사	강세 인칭대명사
je	**moi**
tu	**toi**
il	**lui**
elle	elle
nous	nous
vous	vous
ils	**eux**
elles	elles

② 용법

▸ 인칭 대명사를 강조하려 할 때

Moi, je viens. 나는 간다.

Je t'aime, **toi**. 나는 너를 사랑해.

▸ 속사로 쓰인다.

Mon meilleur ami, c'est **toi**. 나의 가장 좋은 친구, 그건 너야.

▸ 전치사 뒤에 쓰인다.

Tu peux venir chez **elle**. 너는 그녀의 집에 와도 돼.

▸ 접속사 뒤에 쓰인다.

J'ai vu son père et **lui**. 나는 그의 아버지와 그를 보았다.

▸ 생략문 속에 쓰인다.

Qui est Marie? - **Elle**. 마리가 누구야? - 저 여자.

▸ même와 함께 '~자신'을 의미한다.

Voyez **vous**-même. 당신 자신이 보십시오.

[5] 복합과거

복합과거는 현재와 관련하여 그 이전에 행동이 완료되는 것을 의미한다.

① 형태

모든 타동사와 일부 자동사 : avoir 동사의 현재형 + 과거분사

J'ai téléphoné à Paul. 나는 폴에게 전화했다.

생사와 왕래발착을 의미하는 자동사 및 모든 대명동사 : être 동사의 현재형 + 과거분사

예) aller (가다) venir (오다) partir (떠나다) arriver (도착하다)
entrer (들어오다) sortir (나가다) mourir (죽다) naître (태어나다)
monter (올라가다) descendre (내려가다) tomber (떨어지다) rester (남다)

예) venir(오다)의 복합과거 변화형

Je suis venu(***e***).	Nous sommes venu(***e***)s.
Tu es venu(***e***).	Vous êtes venu(***e***)(***s***).
Il est venu.	Ils sont venu**s**.
Elle est venu**e**.	Elles sont venu**es**.

▸ 성수 일치 주의

1) être를 조동사로 취하는 경우 : 위의 예와 같이, 과거분사는 주어의 성과 수에 일치한다.

2) avoir를 조동사로 취하는 경우 : 직접목적어가 동사에 선행할 때 과거분사는 선행하는 직접목적어의 성수에 일치시킨다.

J'ai acheté **un livre**. → Je **l'**ai acheté.
J'ai acheté **des livres**. → Je **les** ai acheté**s**.

② 과거분사 만들기

☞ 이제부터는 동사를 배울 때마다 과거분사형도 함께 외워두면 복합과거를 쉽게 사용할 수 있다.

-er로 끝나는 1군동사	어간 + -é	aimer → aimé habiter → habité parler → parlé ☞ aller → allé					
-ir로 끝나는 2군동사	어간 + -i	finir → fini choisir → choisi ☞ partir → parti sortir → sorti					
-re, -oir, -ir 등으로 끝나는 불규칙동사	어간 + -é -t -s -u -û	être	→	été	avoir	→	eu [y]
		faire	→	fait	venir	→	venu
		prendre	→	pris	voir	→	vu
		dire	→	dit	pouvoir	→	pu
		naître	→	né	vouloir	→	voulu
		connaître	→	connu	savoir	→	su
		mettre	→	mis	boire	→	bu
		écrire	→	écrit	devoir	→	dû

[4] 현재분사 & 제롱디프

① 현재분사 동사와 형용사의 성격을 공유한다.

▸ 형태 : 동사어미 -ons를 제거한 자리에 -ant를 붙인다.

규칙형		예외형
aimer	nous aimons → aimant [에멍]	avoir → ayant [에이영]
finir	nous finissons → finissant [피니썽]	être → étant [에떵]
aller	nous allons → allant [알렁]	savoir → sachant [싸셩]

▸ 용법 : 형용사의 성격을 가지고 문장 속의 어떤 명사 또는 대명사를 수식한다.

J'ai téléphoné à mon ami **revenant** de l'école.

나는 학교에서 돌아오는 친구에게 전화했다.

Connaissant bien le français, Bora travaille comme interprète.

보라는 프랑스어를 잘 알기 때문에 통역사로 일을 하고 있다.

☞ être의 현재분사 étant은 흔히 생략된다.

(Étant) malade, elle est chez elle.

그녀는 아파서 그녀는 집에 있다.

② 제롱디프

▸ 형태 : en + 현재분사 (-ant)

▸ 용법 : 동시성, 수단, 방법, 대립, 조건 등을 표현하며, 동사를 수식한다.

Ne travaille pas **en regardant** la télé.

텔레비전을 보면서 공부하지 마라.

On gagne sa vie **en travaillant**.

사람들은 일함으로써 생활비를 번다.

☞ 현재분사와 제롱디프의 차이점

J'ai téléphoné à mon ami **revenant** de l'école. **(현재분사 : 명사 수식)**

나는 학교에서 돌아오는 친구에게 전화했다.

J'ai téléphoné à mon ami **en revenant** de l'école. **(제롱디프 : 동사 수식)**

나는 학교에서 돌아오면서 친구에게 전화했다.

☞ 제롱디프와 현재 분사의 유사점

Des enfants courent, **criant**. 아이들이 소리를 지르며 달리고 있어요.

Des enfants courent **en criant.** 아이들이 소리를 지르며 달리고 있어요.

✓ 꼭! 알아둘 동사

① voir [부아-흐] 보다 (vu ; voyant)

je vois [쥬 부아]	nous voyons [누 부아용]
tu vois [뛰 부아]	vous voyez [부 부아예]
il voit [일 부아]	ils voient [일 부아]
elle voit [엘 부아]	elles voient [엘 부아]

② dire [디-흐] 말하다 (dit ; disant)

je dis [쥬 디]	nous disons [누 디죵]
tu dis [뛰 디]	vous dites [부 디뜨]
il dit [일 디]	ils disent [일 디즈]
elle dit [엘 디]	elles disent [엘 디즈]

③ arriver [아리베] 도착하다 (arrivé ; arrivant)

j'arrive [쟈리브]	nous arrivons [누‿쟈리봉]
tu arrives [뛰 아리브]	vous arrivez [부‿쟈리베]
il arrive [일 아리브]	ils arrivent [일‿쟈리브]
elle arrive [엘 아리브]	elles arrivent [엘‿쟈리브]

④ perdre [뻬흐드르] 잃다 (perdu ; perdant)

je perds [쥬 뻬흐]	nous perdons [누 뻬흐동]
tu perds [뛰 뻬흐]	vous perdez [부 뻬흐데]
il perd [일 뻬흐]	ils perdent [일 뻬흐드]
elle perd [엘 뻬흐]	elles perdent [엘 뻬흐드]

⑤ loger [로제] 숙박하다 (logé ; logeant)

je loge [쥬 로쥬]	nous logeons [누 로죵]
tu loges [뛰 로쥬]	vous logez [부 로제]
il loge [일 로쥬]	ils logent [일 로쥬]
elle loge [엘 로쥬]	elles logent [엘 로쥬]

⑥ visiter [비지떼] 방문하다, 구경하다 (visité ; visitant)

je visite [쥬 비지뜨]	nous visitons [누 비지똥]
tu visites [뛰 비지뜨]	vous visitez [부 비지떼]
il visite [일 비지뜨]	ils visitent [일 비지뜨]
elle visite [엘 비지뜨]	elles visitent [엘 비지뜨]

Français et culture

프랑스어와 문화이야기 (8)

Encore! (앵콜) & Bis! (다시)

연극이나 연주회에서 마지막에 우리는 "앵콜!"을 외친다. 그러나 프랑스에서 관객들은 공연의 멋진 일부분을 재현해주길 바라는 마음에서 "Bis!"[비쓰]를 연호한다. 프랑스어에서 "encore" [엉꼬-흐], 앵콜은 처음부터 끝까지 다시 공연한다는 의미가 있다. 만약 프랑스인의 공연을 관람한다면 우리도 그들 앞에서 "Bis!"를 한번 멋지게 외쳐보자.

Leçon 9 Quelle heure est-il?

몇 시예요?

Conversation I

Sylvie Tu as l'heure?

Eric Il est cinq heures dix. Pourquoi?

Sylvie J'ai rendez-vous avec mon ami Jacques devant le cinéma.

Eric Ah, oui! A quelle heure?

Sylvie A 6 heures. Le cinéma commence à 6 heures et demie. Je dois partir maintenant. Salut, à très bientôt!

Eric Salut, bonne soirée!

실비 지금 몇 시니?
에릭 지금 5시 10분인데, 왜 그래?
실비 내 친구 쟈크와 영화관 앞에서 만나기로 약속했어.
에릭 아, 그래! 몇 시에?
실비 여섯시에. 6시 반에 영화가 시작돼. 지금 출발해야 돼. 안녕, 또 만나!
에릭 안녕, 즐거운 저녁시간 되길.

Conversation II

Paul Quel jour sommes-nous aujourd'hui?

Sylvie Nous sommes vendredi.

Paul Ah, bon! Demain, on est le week-end. Je l'aime bien, car j'adore faire la grasse matinée.

Sylvie Tu as raison. Tu peux rester au lit jusqu'à 10 heures. Moi, le dimanche, je vais à l'église avec ma famille.

Paul Au fait, on est le combien?

Sylvie Ehm, on est le 30 octobre.

Paul Alors, c'est demain, le jour de l'halloween. Je vais préparer une petite fête chez moi avec mes amis. Ça te dit de venir chez moi avec ton copain?

Sylvie C'est sympa! On se voit à 20 heures demain.

Paul D'accord! Je vous attends chez moi. A demain!

Sylvie A demain!

폴 오늘이 무슨 요일이지?
실비 금요일이야.
폴 아, 그렇군, 내일이면 주말이네. 나는 주말이 정말 좋아. 왜냐하면 늦잠 자는 것이 좋거든요.
실비 맞아, 너는 오전 10시까지 침대에 누워 있을 수 있을거야. 나는 일요일마다 가족과 함께 교회에 가.
폴 아 참, 오늘이 며칠이니?
실비 음, 10월 30일이야.
폴 그러면 내일은 핼로윈 데이네. 우리집에서 친구들과 함께 작은 파티를 준비해야겠어. 네 남자친구하고 우리집에 올래?
실비 좋아. 내일 저녁 8시에 볼까?
폴 좋아, 우리집에서 너희들을 기다릴게, 내일 보자!
실비 내일 보자!

단어 & 표현

heure [워-흐] n.f. 시간
- Quelle heure est-il? [껠‿뤄-흐 에‿틸]? 몇 시죠? = Il est quelle heure?
  = Vous avez l'heure? [부‿자베 뤄-흐]
  = Tu as l'heure? [뛰 아 뤄-흐]

☞ Vous와 Tu의 차이 ▸1과 프랑스어와 문화이야기 참조

pourquoi [뿌흐꾸아] 왜, 무슨 이유로

rendez-vous [헝데 부] n.m. 만날 약속

devant [드벙] ~앞에

cinéma [씨네마] n.m. 영화(관)

à quelle heure [아 껠‿뤄-흐] 몇 시에
- à 6 heures 6시에

demi(*e*) [드미] 절반의

commencer [꼬멍쎄] 시작하다

devoir [드부아-흐] ~해야 한다

partir [빠흐띠-흐] 떠나다

bientôt [비앵또] 곧

soirée [쑤아레] n.f. 저녁(시간)

aujourd'hui [오쥬흐뒤이] 오늘
- hier [이예-흐] 어제
- avant-hier [아벙티예-흐] 그저께
- demain [드맹] 내일
- après-demain [아프레드맹] 모레

jour [쥬-흐] n.m. 날
- quel jour [껠 쥬-흐] 무슨 요일
- Quel jour sommes-nous aujourd'hui? [껠 쥬-흐 쏨 누 오쥬흐뒤이] 오늘이 무슨 요일이에요?

vendredi [벙드르디] n.m. 금요일
- Nous sommes vendredi. 오늘은 금요일이에요.

week-end [위켄드] n.m 주말

car [꺄-흐] 왜냐하면

gras(*se*) [그라(-쓰)] 기름진

matinée [마띠네] n.f. 아침나절
- faire la grasse matinée 늦잠자다

raison [헤종] n.f. 이성, 이치
- avoir raison 옳다 ▸스피드 문법 참조

pouvoir [뿌부아-흐] ~할 수 있다

rester [헤쓰떼] 남다

jusque [쥐쓰끄] ~까지

dimanche [디멍슈] n.m. 일요일
- lundi [룅디] 월요일
- mardi [마흐디] 화요일
- mercredi [메흐크르디] 수요일
- jeudi [쥬디] 목요일
- vendredi [벙드르디] 금요일
- samedi [쌈디] 토요일
- Lundi, je vais à Paris. 월요일에 나는 파리에 가요.
- Je l'ai vu lundi dernier 나는 지난 월요일에 그를 보았어.
- Je la vois le lundi. 나는 월요일마다 그녀를 보아요.
- Du lundi au vendredi 월요일에서 금요일까지

vais [베] ~에 가다

église [에글리즈] n.f. 교회

famille [파미으] n.f. 가족

fait [페(뜨)] n.m. 사실
- au fait [오 페뜨] (화제 전환) 아 참!

le combien [르 꽁비앵] n.m. 몇 번째, 몇 날
- On est le combien? [오 네 르 꽁비앵] 오늘 며칠이죠?

octobre [옥또브흐] n.m. 10월 ▸10과 스피드 문법 참조
- janvier [졍비예] 1월
- février [페브리예] 2월
- mars [마흐쓰] 3월
- avril [아브릴] 4월
- mai [메] 5월
- juin [쥬앵] 6월
- juillet [쥬이예] 7월
- août [우(뜨)] 8월
- septembre [쎕떵-브흐] 9월
- octobre [옥또브흐] 10월
- novembre [노벙-브흐] 11월
- décembre [데썽-브흐] 12월

halloween [알로윈] n.m. 핼로윈데이 (10월 31일 밤에 영국·캐나다 등지의 만성절 전야제)

préparer [프레빠헤] 준비하다

fête [페뜨] n.f. 파티, 축제

chez [셰] ~의 집에

dit [디] + à + 사람 : ~의 마음에 들다

copain [꼬뺑] n.m. 남자친구

sympa [쌩빠] 좋은, 마음에 드는

on [옹] 우리 (= nous), 사람들

☞ on은 항상 3인칭 단수형으로 취급하여 동사를 일치시킨다.

se [쓰] 서로
- se voir [쓰 부아-흐] 서로 만나다
- se serrer [쓰 쎄레] 서로 악수하다

스피드 문법

[1] 시간 표현 : Il est + 시간

Quelle heure est-il? 몇 시니? (= Vous avez l'heure?, Tu as l'heure?)

→ Il est une heure. 1시야.

→ Il est 5 heures 30. (= Il est 5 heures et demie.) 5시 반이야.

A quelle heure partez-vous? 몇 시에 떠나니?
→ A 9 heures. 9시에 떠나.

☞ 시간·날씨를 나타낼 때 쓰이는 il : 비인칭주어 또는 문법상의 주어라고 하며 아무 뜻이 없다.

☞ 특정한 시간에는 c'est 를 쓴다.
C'est l'heure de travailler. 일할 시간이다.

[2] 무관사 용법

① '동사 + 무관사 명사'로 된 숙어적 표현

▸ avoir

J'ai faim. 배고파요.
J'ai froid. 나는 추워요.
J'ai rendez-vous. 나는 약속이 있어요.
J'ai soif. 목말라요.
J'ai chaud. 나는 더워요.
Tu as raison. 네가 옳다.

▸ faire

Fais attention! 조심하세요!

▸ demander

Je vous demande pardon. 당신께 양해를 구합니다.

☞ 명사에 수식어가 있을 때에는 생략 안 됨.
avoir une grande faim. 몹시 배가 고프다.
faire une peur bleue 아주 무섭게 하다

② 국적, 직업, 신분을 나타내는 속사일 때

Il est français. 그는 프랑스인이다.
Son père est professeur. 그의 아버지는 교사이다.
Je suis étudiant(*e*). 나는 학생이다.

③ 수량을 나타내는 부사 + de + 무관사 명사

Tu prends beaucoup de café. 너는 커피를 많이 마신다.

Combien de frères avez-vous? 남자 형제가 몇 명입니까?

☞ de + 모음이나 묵음의 h로 시작하는 복수명사 → d'

Il a beaucoup d'amis. 그는 친구가 많다.

꼭! 알아둘 동사

① commencer [끄멍쎄] 시작하다 (commencé ; commençant)

je commence [쥬 꼬멍쓰]	nous commençons [누 꼬멍쏭]
tu commences [뛰 꼬멍쓰]	vous commencez [부 꼬멍쎄]
il commence [일 꼬멍쓰]	ils commencent [일 꼬멍쓰]
elle commence [엘 꼬멍쓰]	elles commenent [엘 꼬멍쓰]

② devoir [드부아-흐] ~해야 한다 (dû ; devant)

je dois [쥬 두아]	nous devons [누 드봉]
tu dois [뛰 두아]	vous devez [부 드베]
il doit [일 두아]	ils doivent [일 두아브]
elle doit [엘 두아]	elles doivent [엘 두아브]

③ partir [빠흐띠-흐] 떠나다 (parti ; partant)

je pars [쥬 빠흐]	nous partons [누 빠흐똥]
tu pars [뛰 빠흐]	vous partez [부 빠흐떼]
il part [일 빠흐]	ils partent [일 빠흐뜨]
elle part [엘 빠흐]	elles partent [엘 빠흐뜨]

④ pouvoir [뿌부아-흐] ~할 수 있다 (pu ; pouvant)

je peux [쥬 뿨]	nous pouvons [누 뿌봉]
tu peux [뛰 뿨]	vous pouvez [부 뿌베]
il peut [일 뿨]	ils peuvent [일 뿨브]
elle peut [엘 뿨]	elles peuvent [엘 뿨브]

⑤ préparer [프레빠헤] 준비하다 (préparé ; préparant)

je prépare [쥬 프레빠흐]	nous préparons [누 프레빠홍]
tu prépares [뛰 프레빠흐]	vous préparez [부 프레빠헤]
il prépare [일 프레빠흐]	ils préparent [일 프레빠흐]
elle prépare [엘 프레빠흐]	elles préparent [엘 프레빠흐]

⑥ rester [헤쓰떼] 남다 (resté ; restant)

je reste [쥬 헤쓰뜨]	nous restons [누 헤쓰똥]
tu restes [뛰 헤쓰뜨]	vous restez [부 헤쓰떼]
il reste [일 헤쓰뜨]	ils restent [일 헤쓰뜨]
elle reste [엘 헤쓰뜨]	elles restent [엘 헤쓰뜨]

⑦ attendre [아떵-드흐] 기다리다 (attendu ; attendant)

j'attends [쟈떵]	nous attendons [누‿쟈떵동]
tu attends [뛰 아떵]	vous attendez [부‿쟈떵데]
il attend [일 아떵]	ils attendent [일‿쟈떵드]
elle attend [엘 아떵]	elles attendent [엘‿쟈떵드]

Français et culture

프랑스어와 문화이야기 (9)

faire de ~ & jouer à ~ + 스포츠 종목

스포츠에 관한 이야기를 할 때 '어떤 운동을 하다'라는 표현에는 faire동사와 jouer동사가 사용되는데, 스포츠종목에 따라 두 동사의 쓰임에 약간 차이가 있으니 주의하자.

❑ faire + 부분관사 (du, de la, de l', des) + 개별운동 종목

Je fais du tennis. Nous faisons du tennis. 나는 (우리는) 테니스를 친다.

❑ jouer à + 정관사 + 집단놀이 종목

Nous jouons aux cartes. 우리는 카드놀이를 한다.

☞ jouer de + 정관사 + 악기명

Elles jouent de la guitare. 그녀들은 기타를 연주한다.

('악기를 연주하다'의 의미로 'faire de + 악기'는 다소 부자연스럽다.)

세 나라 언어로 보는 격언 한마디

Il n'y a pas de rose sans épine.

There is no rose without thorns.

가시 없는 장미란 없다. = 세상에 완전한 행복이란 없다.

Leçon 10 Quel temps fait-il?

날씨가 어때요?

Conversation I

Sara En Corée, quel temps fait-il en été?

Minsou Il fait chaud, humide et presque 30℃. En plus la mousson d'été apporte beaucoup de pluies.

Sara Même en hiver?

Minsou En hiver, il fait froid et du vent et il neige de temps en temps.

Sara Et au printemps et en automne?

Minsou Le temps est doux et très agréable.

사라 한국의 여름 날씨는 어때요?
민수 덥고 습하고, 거의 섭씨 30도에 이르죠. 게다가 여름 장마는 많은 비를 동반하죠.
사라 겨울에도요?
민수 겨울에는 춥고 바람이 많고 눈도 가끔 내리죠.
사라 그러면 봄과 가을은?
민수 날씨가 온화하고 아주 좋아요.

Conversation II

Paul Tu fais du ski en hiver?

Bora Oui, je l'adore.

Paul Tu fais d'autres sports?

Minsoo Nous faisons aussi la randonnée en automne dans les forêts des environs de Séoul.

Bora En été je vais souvent à la piscine. Et toi, Paul, qu'est-ce que tu aimes faire comme sport?

Paul Moi, j'aime bien faire du vélo. Est-ce que tu connais le Tour de France?

Bora et Minsoo Eh, bien sûr. Ça, c'est très connu, n'est-ce pas?

폴 겨울철에 스키하니?
보라 응, 아주 좋아해.
폴 다른 것은?
민수 우리는 가을에는 서울 근교 숲에서 간단한 등산도 해.
보라 여름철에는 수영장에 자주 가.
폴 너는 어떤 종류의 스포츠를 즐기니?
폴 난 자전거하이킹을 좋아해. 프랑스 일주 자전거 경주대회 알고 있니?
보라&민수 물론 알지. 그건 아주 유명하잖아, 그렇지?

단어 & 표현

en [엉] ~에(서)

au [오] (à + le의 축약) ▸스피드 문법 참조

temps [떵] n.m. 날씨, 시간

- de temps en temps [드 떵‿졍 떵] 가끔

printemps [프랭떵] n.m. 봄

été [에떼] n.m. 여름

automne [오똔느] n.m. 가을 ☞ m 묵음

hiver [이베-흐] n.m. 겨울

chaud(*e*) [쇼(드)] 더운

humide [위미드] 습한

doux(*ce*) [두(쓰)] 온화한, 다정한

- La douce France [라 두쓰 프렁쓰] 다정한 프랑스 (「롤랑의 노래」 중에서)

agréable [아그레아블] 쾌적한, 상냥한

mousson [무쏭] n.f. 열대계절풍

- mousson d'été [무쏭 데떼] 여름 장마

beaucoup [보꾸] 많은 ~ (+ de + 명사)

pluie [쁠뤼이] n.f. 비

même [멤므] ~까지도 ▸14과 스피드 문법 참조

autre [오-트흐] 다른 ▸15과 스피드 문법 참조

☞ 부정관사 des + autres → d'autres (des autres)

froid(*e*) [프루아(드)] 차가운

vent [벙] n.m. 바람

- Il fait du vent. = Il y a du vent. 바람이 분다.

neiger [네졔] 눈이 오다

ski [쓰끼] n.m. 스키

vélo [벨로] n.m. 자전거

- faire du ski 스키 타다
- faire du vélo 자전거 타다

forêt [포레] n.f. 숲

randonnée [항도네] n.f. 긴 산책

environs [엉비롱] n.m.pl. 근처

comme [꼼므] ~로서

tour [뚜-흐] n.m. 일주

☞ 성에 따라서 의미가 다르므로 주의
n.f. 탑 (la tour Eiffel 에펠탑)

connaître [꼬네트흐] 알다

connu(*e*) [꼬뉘] 널리 알려진

스피드 문법

[1] 날씨 표현 : Il fait ~ + 형용사 또는 명사

Il fait chaud. [일 페 쇼] 날씨가 덥다.

Il fait froid. [일 페 프루아] 날씨가 춥다.

Il fait du soleil. [일 페 뒤 쏠레이으] 날씨가 화창하다.

Il fait du vent. [일 페 뒤 벙] 바람이 분다.

☞ il은 아무 뜻이 없는 비인칭주어 또는 문법상의 주어이며, fait는 동사 faire에서 전용되어 쓰인 것이다. 이밖에도 날씨를 표현하는 동사들이 있다.

Il pleut. [일 쁠뤄] 비가 온다.

Il va pleuvoir [일 바 쁠뤄부아-흐] 비가 곧 올 거야.

Il neige ce soir. [일 네쥬 쓰 쑤아흐] 오늘 저녁엔 눈이 올 거야.

[2] 전치사 en 과 à 의 구분

① 국가명을 표현하고자 할 때

▸ en + 여성국명 또는 모음으로 시작되는 남성국명

en Corée [엉 꼬레] 한국에(서)

en France [엉 프렁쓰] 프랑스에(서)

en Iran [엉‿니렁] 이란에(서)

▸ au (à + le) + 남성국명

au Japon [오 쟈뽕] 일본에(서)

au Mexique [오 멕씨끄] 멕시코에(서)

▸ aux + 복수형 국명

aux Etats-Unis [오‿제따‿쥐니] 미국에(서)

aux Pays-Bas [오 뻬이 바] 네덜란드에(서)

② 지방명, 도시명을 표현하고자 때

▸ en + 지방명

en Normandie [엉 노흐멍디] 노르망디에(서)

▸ à + 도시명

à Paris [아 빠리] 파리에(서)

③ 사계절을 표현하고자 할 때

▸ en + 계절명 (여름, 가을, 겨울)

en été [엉‿네떼] 여름에

en automne [엉‿노똔느] 가을에

en hiver [엉‿니베-흐] 겨울에

▸ au + 계절명 (봄)

au printemps [오 프랭떵] 봄에

④ 연도, 달, 요일, 공휴일 등을 표현하고자 할 때

▸ en + 연도, 달

en 2009 [엉 둬밀눠프] 2009년에

en mai [엉 메] 5월에

▸ à + 요일, 공휴일

à vendredi [아 벙드흐디] 금요일에

à Noël [아 노엘] 성탄일에

[3] 수량 표현(1) : 수량부사 + de + 명사

J'ai fait **beaucoup de** photos. 나는 많은 사진을 촬영했다.

Il mange **peu de** beurre. 그는 거의 버터를 먹지 않는다.

J'ai **assez de** pain. 나는 충분한 양의 빵을 먹었다.

Il y a **trop de** touristes. 너무 많은 여행자들이 있다.

꼭! 알아둘 동사

connaître [꼬네트흐] 알다 (connu ; connaissant)

je	connais [쥬 꼬네]	nous	connaissons [누 꼬네쏭]
tu	connais [뛰 꼬네]	vous	connaissez [부 꼬네쎄]
il	connaît [일 꼬네]	ils	connaissent [일 꼬네쓰]
elle	connaît [엘 꼬네]	elles	connaissent [엘 꼬네쓰]

Français et culture

프랑스어와 문화이야기 (10)

C'est pour vous! / C'est pour toi!

프랑스인 가정에 초대되었다면 꽃다발을 준비해서 가면 무난하다. 이때 국화와 흰장미는 고인을 위한 것이기 때문에 장례식이 아니라면 가져가서는 아니 된다.

그리고 꽃다발을 집주인에 전해줄 때는 C'est pour vous (toi)! [쎄 뿌흐 부 (뚜아)] (당신을/너를 위한 것이에요)라고 말하면서 꽃다발을 건네면, 필경 상대방으로부터 Vraiment c'est trop gentil! Mais il ne fallait pas! [브레멍 쎄 트로 졍띠, 메 일 느 팔레 빠] (정말 너무 고맙지만, 이럴 것까지는 없는데요...)라고 대답을 듣게 될 것이다.

비록 이렇게 말할지라도 초대시에는 꽃이나 초코렛, 혹은 포도주 (주인의 취향을 잘 안다면), 아이들을 위한 사탕류 등을 준비하면 좋으며, 프랑스 가정에 초대되었다면 약속시간보다 오히려 약 15분 정도 늦게 도착하는 것이 상례이다.

Leçon 11 Où est le restaurant?

레스토랑이 어디에 있어요?

Conversation I

Une femme	Pardon, monsieur. Où est le restaurant La Paix?
Un homme	C'est très facile à trouver. C'est par ici, derrière la poste.
Une femme	Merci beaucoup.
Un homme	Il n'y a pas de quoi, mademoiselle.

여자 실례합니다. 레스토랑 라페가 어디에 있나요?
남자 그건 찾기 쉬워요. 이쪽으로, 우체국 뒤편에 있어요.
여자 고맙습니다.
남자 천만에요.

Conversation II

Un homme	S'il vous plaît, pour aller place Rodin? C'est par là?
Une femme	Non, vous vous êtes trompé, monsieur. Il faut tourner à droite, puis descendez tout droit jusqu'au feu et vous y êtes.
Un homme	Eh, je ne comprends pas. Est-ce que vous pouvez répéter, s'il vous plaît?
Une femme	Suivez-moi. [...] La voilà.
Un homme	C'est gentil. Merci.
Une femme	Je vous en prie, monsieur.

남자 실례합니다만, 로댕광장에 가려면 이쪽이 맞나요?
여자 아니에요. 오른쪽으로 가서 신호등까지 직진하시면 거기 도착할거예요.
남자 잘 알아듣지 못했어요. 죄송하지만, 다시 한 번 말씀해 주시겠어요?
여자 절 따라오세요. [...] 저곳입니다.
남자 친절하시네요. 고맙습니다.
여자 천만에요.

단어 & 표현

pardon [빠흐동] n.m. 양해

restaurant [헤쓰또렁] n.m. 식당

paix [뻬] n.f. 평화

facile [파씰] 쉬운

trouver [트루베] 찾다

par ici [빠‿리씨] 이쪽으로

par là [빠흐 라] 저쪽으로

derrière [데리예-흐] ~ 뒤에

poste [뽀쓰뜨] n.f. 우체국

☞ n.m. 부서, 직위

beaucoup [보꾸] 대단히

de [드] 부정의 de ▸6과 스피드 문법 참조

- Il n'y a pas de quoi. [일 니 야 빠 드 꾸아] 천만에요.

place [쁠라쓰] n.f. 광장

se tromper [쓰 트롱뻬] 실수하다

- Vous vous êtes trompé. [부 부‿젤 트롱뻬] 실수하셨네요.

falloir [팔루아-흐] ~해야 한다, 필요하다

☞ Il faut [일 포] + 동사원형 : ~해야 한다

- Il faut tourner à droite. 오른쪽으로 돌아가야 한다.

☞ Il me faut + 명사 : 내게 ~이 필요하다

- Il me faut de l'argent. 나는 돈이 필요하다.

tout [뚜] 완전히

droit(*e*) [드루아(뜨)] 오른쪽(의), 곧은

- à droite [아 드루아뜨] 오른쪽에(으로)
- tout droit [뚜 드루아] 똑바로, 직진으로

puis [쀠이] 그리고 나서

descendre [데썽-드흐] 내려가다

jusque [쥐쓰끄] ~까지

- jusqu'ici [쥐쓰끼씨] 여기까지
- jusque chez lui [쥐쓰끄 셰 뤼이] 그의 집까지
- jusqu'au feu [쥐쓰꼬 푀] 신호등까지

y [이] 거기에

comprendre [꽁프렁-드흐] 이해하다

répéter [헤뻬떼] 반복하다

suivre [쒸이-브흐] 뒤따르다

- Suivez-moi. [쒸이베-모아] 저를 따라 오세요. ▸스피드 문법 참조

prier [프리에] 간청하다

- Je vous en prie. [쥬 부‿졍 프리] 천만에요.

☞ en = "de + 동사원형"의 대용 ▸스피드 문법 참조

➔ 스피드 문법

[1] 부사 tout

☞ tout + 남성형용사, 모음 / 무음 h-로 시작되는 여성형용사, 장소전치사
toute + 여성형용사

J'habite **tout** près, on peut y aller à pied. 나는 여기서 아주 가깝기 살기 때문에 집까지 걸어서 갈 수 있어.

Il est **tout** content. 그는 아주 기분이 좋다.

Ces enfants sont **tout** petits. 이 어린이들은 아주 어리다.

Elle est arrivée **toute** fatiguée. 그녀는 아주 피곤한 상태로 도착했다.

[2] 긍정 명령문에서의 보어 인칭대명사

① me → moi, te → toi

② 긍정 명령문에서 동사 바로 뒤에 위치한다.

Tu me dis → Dis-moi 내게 말해줘.

Tu t'assieds → Assieds-toi. 앉아라.

☞ 명령문에서는 1군동사의 2인칭 단수어미 -es → -e로 바뀌는 것에 유의한다.

☞ 부정 명령문은 평서문과 어순이 동일하다.

Ne lui parlez pas. 그에게 이야기하지 마세요.

☞ en 또는 y와 함께 쓰이면 → m'en, m'y

C'est délicieux, donnez-m'en encore. 맛있네요. 더 주세요.

Assieds-t'y. 거기에 앉아라.

[3] 중성대명사 en

전치사 de를 포함하고 있는 대명사로서, (조)동사 바로 앞에 놓인다.

① 전치사 de + 명사의 대용

Nous venons **de Paris**. → Nous **en** venons. 우리는 거기 출신이다.

On parle de **ce livre**. → On **en** parle. 우리는 그것에 대해 얘기한다.

Elle est fière **de sa robe**. → Elle **en** est fière. 그녀는 그것에 대해 자랑스럽다.

② 부정관사 · 부분관사 · 수량형용사의 대용

J'ai **du pain**. → **J'en** ai. 나는 그것을 갖고 있다.

Je n'ai pas beaucoup **d'argent.** → Je n'**en** ai pas beaucoup. 나는 그것이 많지 않다.

Elle a **plusieurs CD**.→ Elle **en** a **plusieurs**. 그녀는 그것을 여럿 가지고 있다.

Elle a **dix livres**. → Elle **en** a **dix**. 그녀는 그것을 10개 갖고 있다.

J'ai **quelques livres**. → **J'en** ai **quelques-uns**. 나는 그것을 몇 개 갖고 있다.

Tu as combien **de livres**? → Tu **en** as combien? 너는 그것을 몇 개 갖고 있니?

③ de + 동사원형의 대용

J'ai envie **de voir un film**. → **J'en** ai envie. 나는 그렇게 하기를 원한다.

④ de + 절의 대용

Paul va arriver très tard, j'**en** suis sûr. (en = de cela) 폴은 늦게 도착할 것이야, 내가 그걸 장담해.

✓ 꼭! 알아둘 동사

trouver [트루베] 찾다, ~라고 여기다 (trouvé ; trouvant)

je trouve [쥬 트루브]	nous trouvons [누 트루봉]
tu trouves [뛰 트루브]	vous trouvez [부 트루베]
il trouve [일 트루브]	ils trouvent [일 트루브]
elle trouve [엘 트루브]	elles trouvent [엘 트루브]

se tromper [쓰 트롱뻬] 잘못하다 (trompé ; se trompant)

je me trompe [쥬 므 트롱쁘]	nous nous trompons [누 누 트롱뽕]
tu te trompes [뛰 뜨 트롱쁘]	vous vous trompez [부 부 트롱뻬]
il se trompe [일 쓰 트롱쁘]	ils se trompent [일 쓰 트롱쁘]
elle se trompe [엘 쓰 트롱쁘]	elle se trompent [엘 쓰 트롱쁘]

falloir [팔루아-흐] ~해야 한다 (fallu ; 현재분사 없음)

il faut [일 포]

descendre [데썽-드흐] 내려가다 (descendu ; descendant)

je descends [쥬 데썽]	nous descendons [누 데썽동]
tu descends [뛰 데썽]	vous descendez [부 데썽데]
il descend [일 데썽]	ils descendent [일 데썽드]
elle descend [엘 데썽]	elles descendent [엘 데썽드]

comprendre [꽁프렁-드흐] 이해하다 (compris ; comprenant)

je comprends [쥬 꽁프렁]	nous comprenons [누 꽁프르농]
tu comprends [뛰 꽁프렁]	vous comprenez [부 꽁프르네]
il comprend [일 꽁프렁]	ils comprennent [일 꽁프렌느]
elle comprend [엘 꽁프렁]	elles comprennent [엘 꽁프렌느]

répéter [헤뻬떼] 반복하다 (répété ; rététant)

je répète [쥬 헤뻬뜨]	nous répétons [누 헤뻬똥]
tu répètes [뛰 헤뻬뜨]	vous répétez [부 헤뻬떼]
il répète [일 헤뻬뜨]	ils répètent [일 헤뻬뜨]
elle répète [엘 헤뻬뜨]	elles répètent [엘 헤뻬뜨]

suivre [쒸이-브흐] 뒤따르다 (suivi ; suivant)

je suis [쥬 쒸이]	nous suivons [누 쒸이봉]
tu suis [뛰 쒸이]	vous suivez [부 쒸이베]
il suit [일 쒸이]	ils suivent [일 쒸이브]
elle suit [엘 쒸이]	elles suivent [엘 쒸이브]

Français et culture

프랑스어와 문화이야기 (11)

Fête des ouvriers (근로자의 날)

프랑스에서도 5월 1일이면 우리나라처럼 '근로자의 날'(Fête des ouvriers)이며, 이 날에는 은방울꽃 다발을 선사하는 풍습이 있다. 만약 우리가 받은 꽃다발 속에 작은 은방울꽃이 13송이 달린 가지가 있다면, 우리의 행운이 결코 마르지 않는다는 속설이 있다.

은방울꽃을 지칭하는 프랑스어 단어에는 두 가지가 있다. 하나는 muguet [뮈게]이며, 또 다른 하나는 '계곡의 백합'(lis du vallée)이다. 이러한 명칭을 얻게 된 이유는 은방울꽃이 튤립처럼 백합과에 속하는 식물이기 때문이지만, 백합꽃으로 오해하지는 말아야 할 것이다. 아무튼 5월 1일에는 우리도 재미삼아 가족이나 친지들에게 "계곡의 백합"(은방울꽃)을 한번 선사해보면 어떨까?

세 나라 언어로 보는 격언 한마디

C'est le premier pas qui coûte.
It's the first step that counts.
시작이 반이다.

Leçon 12 Qu'est-ce que vous désirez?

무엇을 드시겠어요?

Conversation 1

Serveur Bonjour, madame. Vous désirez?

Cliente Comme entrée, une salade de tomates. Et qu'est-ce que vous avez comme plat du jour?

Serveur Bifteck-frites, poulet au riz et rôti de porc.

Cliente J'ai faim mais je n'aime pas trop la viande. Vous avez des omelettes?

Serveur Oui, au fromage, au jambon ou nature.

Cliente Alors, une omelette au jambon, s'il vous plaît. Qu'est-ce que vous avez comme dessert?

Serveur Il y a la glace, les tartes aux pommes et aux poires.

Cliente Je vais prendre une tarte aux pommes. Ça a l'air très bon.

Serveur Et vous voulez boire quelque chose?

Cliente Une bouteille d'eau minérale, s'il vous plaît.

Serveur Entendu, merci.

종업원 안녕하세요? 무엇을 주문하시겠습니까?
손님 전식으로 토마토샐러드 주세요. 그리고 오늘의 요리는 무엇인가요?
종업원 비프스텍과 튀김감자, 닭고기와 밥, 그리고 돼지구이 요리가 있습니다.
손님 배가 고프긴 하지만 고기는 그다지 좋아하지 않아요. 오믈렛 있나요?
종업원 예. 치즈오믈렛, 햄오믈렛 혹은 아무 것도 안든 오믈렛도 있어요.
손님 그러면 햄오믈렛으로 주세요. 디저트로는 무엇이 있어요?
종업원 아이스크림과 사과파이와 배파이가 있어요.
손님 저는 사과파이주세요. 이 파이가 아주 맛있어 보이네요.
종업원 그리고 음료는 어떤 것을 드릴까요?
손님 미네랄 워터로 주세요.
종업원 예. 고마워요.

Conversation II

Serveur Bonjour, madame. Alors, qu'est-ce que vous prenez?

Cliente Puis-je avoir la carte?

Serveur Oui, la voilà. [...] Avez-vous choisi?

Cliente Oui, comme entrée, une soupe aux pois et une salade verte, s'il vous plaît.

Serveur Et comme plat principal?

Cliente Je vais prendre un steak.

Serveur Comment voulez-vous votre steak, madame? Bien cuit, saignant, à point?

Cliente À point, s'il vous plaît.

Serveur Et comme boisson? Vin rouge? Vin blanc?

Cliente Apportez un verre de vin rouge et une carafe d'eau, s'il vous plaît.

Serveur Très bien, madame.

종업원 안녕하세요? 부인. 무엇을 드시겠습니까?
손님 차림표를 볼 수 있나요?
종업원 예. 여기 있습니다. [...] 정하셨나요?
손님 예. 전식으로 완두콩 스프와 야채샐러드 주세요.
종업원 그러면 주요리는?
손님 저는 스테이크로 할게요.
종업원 어떻게 구워드릴까요? 많이, 덜, 혹은 적당히?
손님 적당히 구워주세요.
종업원 그리고 음료수는? 적포도주 혹은 백포도주?
손님 적포도주 한 잔하고, 물 좀 주세요
종업원 예. 부인.

단어 & 표현

désirer [데지헤] 원하다

comme [꼼므] ~로서

entrée [엉트레] n.f. 전식

salade [쌀라드] n.f. 샐러드(요리)

tomate [토마뜨] n.f. 토마토

de [드] (내용물) ~으로 구성된
- salade de tomates 토마토 샐러드
- verre de vin 포도주가 든 잔

☞ verre à vin 포도주잔

que [끄] 무엇

est-ce que [에-쓰 끄] 의문문을 만드는 어구 ▸6과 스피드 문법 참조

plat [쁠라] n.m. 요리, 접시

jour [쥬-흐] n.m. 날, 하루
- plat du jour [쁠라 뒤 쥬-흐] 오늘의 요리 = plat principal

principal(*e*) [프랭씨빨] 주요한

bifteck [비프떽] n.m. 비프스테이크

steak [쓰떽] n.m. 스테이크

frites [프리뜨] n.f. (흔히 복수) 감자튀김

poulet [뿔레] n.f. 식용 닭

riz [히] n.m. 쌀밥, 벼

rôti [호띠] n.m. 구운 고기(요리)

porc [뽀-흐] n.m. 돼지(고기)

faim [팽] n.f. 시장기

trop [트로] 너무, 그다지

viande [비영드] n.f. 고기류

omelette [오믈레뜨] n.f. 오믈렛

fromage [프로마쥬] n.m. 치즈

jambon [졍봉] n.m. 햄

dessert [데쎄-흐] n.m. 디저트

glace [글라쓰] n.f. 아이스크림

tarte [따흐뜨] n.f. (디저트) 파이

pomme [뽐므] n.f. 사과

poire [뿌아-흐] n.f. 배

air [에-흐] n.m. 모습, 공기
- avoir l'air + 형용사 Ça a l'air bon. 맛있어 보여요.

☞ avoir l'air + 형용사의 성수일치 : 실제 외양을 표현한 경우는 air에 일치하여 남성형으로 쓴다. 단, '~인 것 같다'의 뜻으로 쓰일 경우는 주어에 일치시킨다. Ces voitures d'occasions ont l'air neuves. 이 중고차들은 새 것 같다.
- avoir l'air de + 명사 / 동사원형
  Il a l'air de ne pas faire attention. 그는 주의하지 않는 듯하다.

boire [부아-흐] 마시다

quelque chose [껠끄 쇼즈] 어떤 것 ▸스피드 문법 참조

minéral(*e*) [미네할] 무기질의

entendu(*e*) [엉떵뒤] 잘 이해한

puis-je~? [쀠이 쥬] 제가 ~해도 되나요?

☞ pouvoir 동사의 1인칭 단수는 두 개의 변화형을 가진다 : peux / puis.

☞ puis-je ~ ? : 의문문에서 사용된다. 발음을 고려한 표현이다.
- Puis-je entrer? 들어가도 될까요?
- Puis-je parler avec Monsieur le Directeur? 사장님과 통화할 수 있습니까?

carte [까흐뜨] n.f. 차림표

menu [머뉘] n.m. (코스로 제공되는) 정식요리

choisir [슈아지-흐] 선택하다 ▸스피드 문법 참조

soupe [쑤쁘] n.f. 수프

pois [뿌아] n.m. 완두콩

vert(*e*) [베-흐(뜨)] 푸른

comment [꼬멍] 어떻게

cuit(*e*) [뀌이(뜨)] 구운

saignant(*e*) [쎄녕] 피가 흐르는

à point [아 뿌앵] 알맞게

boisson [부아쏭] n.f. 음료

verre [베-흐] n.m. 유리(제품)

vin [뱅] n.m. 포도주

rouge [후-쥬] 붉은

blanc(*he*) [블렁(슈)] 백색의

apporter [아뽀흐떼] 가져오다

carafe [꺄할] n.f. 물병

➾ 스피드 문법

[1] 2군 동사 변화형

2군 동사는 동사의 어미가 -ir로 끝나며, 동사어미 -ir 대신 -is, -is, -it, -issons, -issez, -issent로 규칙적으로 변화한다. 주요 2군 동사로는 choisir(선택하다), finir(끝마치다) 등이 있다.

choisir [슈아지-흐] 선택하다

je choisi**s** [쥬 슈아지]	nous choisi**ssons** [누 슈아지쏭]
tu choisi**s** [뛰 슈아지]	vous choisi**ssez** [부 슈아지쎄]
il choisi**t** [일 슈아지]	ils choisi**ssent** [일 슈아지쓰]
elle choisi**t** [엘 슈아지]	elles choisi**ssent** [엘 슈아지쓰]

☞ 2군 동사의 과거분사형 : -ir → -i

J'ai choisi un cadeau pour lui. 나는 그에게 줄 선물 하나를 선택했다.

[2] quelque

부정형용사 quelque는 명사 앞에서 성질, 수량, 유사성, 차이 등을 막연히 한정하는 형용사로서, 수식하는 명사의 성과 수에 일치시킨다.

① 형용사 quelque(s) : "어떤, 몇몇의, 얼마간의" (일반적으로 관사 없이 사용)

Dites **quelques** mots. 말 좀 해보세요.

Il est absent **quelque** temps. 그는 당분간 부재다.

② 부사 quelque (복수형 없음) : "대략" (=environ)

Il y a **quelque** dix mille personnes. 대략 만 명의 인원이 있다.

[3] quelque chose & quelqu'un

① quelque chose (어떤 것) : 사물과 관련된다.

quelqu'un (어떤 사람, 누군가) : 사람과 관련된다.

Y a-t-il **quelque chose** à boire? 마실 것 있니?

Y a-t-il **quelqu'un**? 누구 있어요?

② 항상 긍정문에서만 쓰이며, 부정문에서는 rien (아무 것도) / personne (아무도)를 쓴다.

A: Y a-t-il **quelque chose** à boire? 마실 것 있니?

B: Non, il n'y a **rien**. 아니요, 아무 것도 없어요.

A: Y a-t-il **quelqu'un?** 누구 있어요?

B: Non, il n'y a **personne**. 아무도 없어요.

③ quelque chose / quelqu'un + de + 남성형용사

quelque chose **de beau** 좋은 것

quelqu'un **de bien** 적합한 사람

꼭! 알아둘 동사

désirer [데지헤] 원하다 (désiré ; désirant)

je désire [쥬 데지흐]	nous désirons [누 데지홍]
tu désires [뛰 데지흐]	vous désirez [부 데지헤]
il désire [일 데지흐]	ils désirent [일 데지흐]
elle désire [엘 데지흐]	elles désirent [엘 데지흐]

boire [부아-흐] 마시다 (bu ; buvant)

je bois [쥬 부아]	nous buvons [누 뷔봉]
tu bois [뛰 부아]	vous buvez [부 뷔베]
il boit [일 부아]	ils boivent [일 부아브]
elle boit [엘 부아]	elles boivent [엘 부아브]

choisir [슈아지-흐] 선택하다 (choisi ; choisissant)

je choisis [쥬 슈아지]	nous choisissons [누 슈아지쏭]
tu choisis [뛰 슈아지]	vous choisissez [부 슈아지쎄]
il choisit [일 슈아지]	ils choisissent [일 슈아지쓰]
elle choisit [엘 슈아지]	elles choisissent [엘 슈아지쓰]

apporter [아뽀흐떼] 가져오다 (apporté ; apportant)

j'apporte [쟈뽀흐뜨]	nous apportons [누‿쟈뽀흐똥]
tu apportes [뛰 아뽀흐뜨]	vous apportez [부‿쟈뽀흐떼]
il apporte [일 아뽀흐뜨]	ils apportent [일‿쟈뽀흐뜨]
elle apporte [엘 아뽀흐뜨]	elles apportent [엘‿쟈뽀흐뜨]

Français et culture

프랑스어와 문화이야기 (12)

petit déjeuner [쁘띠 데쥬네]를 해볼까요?

프랑스어에선 점심을 le déjeuner [르 데쥬네], 저녁식사를 le dîner [르 디네]라고 한다. '아침식사'는 le déjeuner에 '작다'는 의미 petit를 부가하여 le petit déjeuner [쁘띠 데쥬네]라고 하며, 또 '아점'(아침 겸 점심)을 brunch [브런치]라고 한다.

프랑스에서 점심은 1시간 30분~2시간 정도의 여유를 둔다. 그래서 식사를 겸한 업무상 약속도 저녁 못지않게 점심을 이용하는 경우도 빈번한 편이다.

또한 프랑스인들은 저녁식사를 오후 7시 30분~8시경에 하기 때문에 아동과 청소년들을 포함한 많은 사람들은 오후 4시경에 간식을 먹는다. 이것을 le goûter [르 구떼] 라고 한다. 이때 파리사람들은 원하는 토핑을 얹은 따뜻한 크레프를 선호한다고 한다.

Leçon 13 J'ai envie de voir le nouveau film!

새 영화를 보고 싶어요!

Conversation I

Pierre J'ai envie de voir le nouveau film de Pierre Morel. Ça te dit?

Sophie Je ne sais pas encore. J'ai plutôt envie de voir un film marrant.

Pierre Mais il n'y a pas de film intéressant en ce moment. Mercredi prochain il y aura le nouveau film de Dany Boon. Ce soir on va voir un film américain, d'accord?

Sophie C'est d'accord et la semaine prochaine nous verrons un film français.

피에르 나는 피에르 모렐 감독의 새 영화를 보고 싶어. 넌 어때?
소피 난 잘 모르겠어. 나는 오히려 유쾌한 영화를 보고 싶어.
피에르 근데 근래 보고 싶은 영화가 없어. 다음 주 수요일이면 대니 분의 새 영화가 나올 거야. 오늘 저녁에는 미국 영화나 보러 갈래?
소피 좋아, 그리고 다음 주에 프랑스 영화 보자.

Conversation II

Paul Comment est-ce que tu as trouvé ce film?

Bora C'était super.

Paul Oui, les costumes étaient très originaux.

Bora La musique était très belle. Je ne connaissais pas du tout, c'était la première fois que j'entendais ces chansons.

Paul C'était une création originale.

Bora Ah...c'est pour ça.

폴　넌 그 영화 어땠니?
보라　아주 멋졌어.
폴　응, 의상이 아주 독창적이었어.
보라　음악도 아주 아름다웠어. 나는 전혀 알지 못하는 것인데, 그런 샹송들은 들어본 건 처음이었어.
폴　아주 독창적인 작품이었어.
보라　아하... 그랬구나.

단어 & 표현

envie [엉비] n.f. 욕구, 부러움

avoir envie de + 동사원형 ~하고 싶다

voir [부아-흐] 보다

savoir [싸부아-흐] 알다

☞ Je ne sais pas encore. = Ce n'est pas encore sûr.

connaître [꼬네트흐] 알다

☞ savoir와 connaître의 비교 ▸스피드 문법 참조

tout [뚜] n.m. 일체

- Il ne fait pas froid du tout. 날씨가 전혀 춥지 않다.

plutôt [쁠뤼또] 오히려

- J'ai plutôt envie de voir un film marrant. 나는 오히려 유쾌한 영화를 보고 싶어.

☞ plus tôt (더 일찍) Il faut arriver plus tôt. 더 일찍 도착해야 한다.

marrant(*e*) [마렁] 우스운, 유쾌한

nouveau [누보] 신규의, 최신의

film [필름] n.m. 영화

dire à + 사람 ~의 마음에 들다

- Ça te dit? [싸 뜨 디] 그거 네 맘에 드니?

encore [엉꼬-흐] 아직

il n'y a pas de [일 니 야 빠 드] + 명사 : ~이 없다

il y aura [일‿리 오라] ~이 있을 것이다

intéressant(*e*) [앵떼헤썽(뜨)] 흥미있는

en ce moment [엉 쓰 모멍] 요즘에

la semaine prochaine [라 쓰멘 프로센] 다음 주에

- la semaine dernière [라 쓰멘 데흐니에-흐] 지난주에

ce soir [쑤아-흐] 오늘 저녁

- cette semaine [쎌 쓰멘] 이번 주에

mercredi prochain [메흐크르디 프로샘] 다음 주 수요일

- mercredi dernier [메흐크르디 데흐니에] 지난 주 수요일
- Je l'ai vu lundi. 나는 그를 월요일에 보았다.
- Je la vois le lundi. 나는 그녀를 월요일마다 본다.
- Du lundi 10 au vendredi 20 mai : 5월 10일 월요일부터 20일 금요일까지

☞ 요일

- lundi [룅디] 월요일
- mardi [마흐디] 화요일
- jeudi [쥬디] 목요일
- vendredi [벙드흐디] 금요일
- samedi [쌈디] 토요일
- dimanche [디멍슈] 일요일
- week(-)end [위켄드] 주말
- bon weekend! 좋은 주말 되세요!

d'accord [다꼬-흐] 좋아요 (동의 표현) = oui, entendu

trouver [트루베] 찾다, 여기다, 있다.

- trouver + 명사 + 명사 / 형용사 : ~이 ~하다고 여기다
- trouver + 명사 : ~을 찾다 (= chercher)
- se trouver : (~에) 있다 (= être)

magnifique [만니피끄] 멋진

premier(*ère*) [프르미에(흐)] 첫번째의

fois [푸아] n.f. 번, 회(回)

c'était ~ que [쎄떼 ~ 끄] 강조구문

- C'est de lui que je vous ai parlé. 내가 당신

에게 얘기하고 싶은 건 바로 그에 관해서이다.

entendre [엉떵-드흐] 듣다

chanson [셩쏭] n.f. 노래

création [크레아씨용] n.f. 창작(물)

original(*aux*) [오리지날(노)] 독창적인

Pierre Morel 영화감독(제13구역, 테이큰 등으로 그의 영화는 국내에도 소개된 바 있다.)

Dany Boon 배우 겸 영화감독 (2008년에 "Bienvenue chez les Ch'tis"라는 영화를 감독·출연하여 프랑스에서 2,000만 명 이상의 관람 흥행을 기록하였다.)

➾ 스피드 문법

[1] savoir & connaître

savoir 동사와 connaître 동사의 의미는 '알다' 로 해석되지만, 용법이 아주 다르기 때문에 주의가 필요하다.

① connaître + 명사 : 주로 경험으로 아는 것을 나타낸다. 특히 사람이나 장소 등을 아는 경우에는 항상 connaître를 쓴다.

Je connais bien votre ami Paul. 나는 당신의 친구 폴을 잘 안다.

Je sais bien votre ami Paul. (×) (사람의 경우 절대 불가)

② savoir + 명사 : 머리로 아는 것, 혹은 할 줄 아는 것을 말하며 (savoir+동사원형), 특히 접속사 que, quand, pourquoi 등이 붙은 경우 모두 savoir를 쓴다.

Il sait le français. 그는 프랑스어를 알고 있다.

Il ne sait rien. 그는 아무것도 모르고 있다.

Il sait tout. 그는 모든 것을 알고 있다.

Il sait quelque chose. 그는 무엇인가 알고 있다.

Je sais qu'il va en France cet hiver. 나는 그가 이번 겨울에 프랑스에 간다는 것을 안다.

☞ savoir + 동사원형

Elle sait nager. 그녀는 수영할 줄 안다.

Elle connaît nager. (×)

[2] 반과거

① 형태

▶ **반과거시제 어간** : 현재 1인칭 복수어미 -ons를 떼어낸 부분 (être 동사는 예외)

▶ **반과거시제 어미** : 아래 표와 같다.

인칭	어미	avoir	être	aimer (1군동사)	finir (2군동사)
je	**-ais**	j'avais	j'étais	j'aimais	je finissais
tu	**-ais**	tu avais	tu étais	tu aimais	tu finissais
il/elle	**-ait**	il avait	il était	il aimait	il finissait
nous	**-ions**	nous avions	nous étions	nous aimions	nous finissions
vous	**-iez**	vous aviez	vous étiez	vous aimiez	vous finissiez
ils/elles	**-aient**	ils avaient	ils étaient	ils aimaient	ils finissaient

② 용법

▶ 과거에 행해졌던 사실을 묘사한다.

Il y a 2000 ans la France s'appelait la Gaule. 2000년 전에 프랑스는 골족이라고 불리었다.

▶ 과거에 일어난 습관적·반복적 행위를 묘사한다.

Elles mangeaient toujours dans ce restaurant. 그녀들은 이 식당에서 식사를 하곤 했다.

Le dimanche, nous allions à l'église. 일요일마다 우리는 교회에 가곤 했었다.

☞ 이 때 toujours(언제나), souvent(자주), tous les jours(매일), le lundi(월요일마다) 등과 잘 쓰인다.

▶ 반과거시제는 과거의 감정이나 조건의 표현에 잘 쓰인다.

Ils aimaient la mer. 그들은 바다를 좋아했다.

Je ne voulais pas partir. 나는 떠나기를 원치 않았다.

☞ 이때 aimer(좋아하다), désire(원하다), préférer(선호하다), espérer(바라다), vouloir (원하다), pouvoir(~할 수 있다), penser(생각하다), regretter(후회하다), avoir(가지고

있다), être(~이다) 등의 동사와 잘 어울린다.

▸ 과거 사실의 묘사 또는 배경묘사에 쓰인다.

Il faisait beau. 날씨가 좋았다.

C'était une nuit tranquille. 그날은 아주 조용한 밤이었다.

☞ 복합과거와 대비하여, 배경이나 진행 중이던 행위를 나타낸다.

Je lisais le journal quand il est entré. 그가 들어왔을 때, 나는 신문을 읽고 있었다.

▸ 간접 화법에서 과거속의 현재를 나타낸다.

Il a dit "Je suis heureux."

↳ Il a dit qu'il était heureux. 자기는 행복하다고 그가 말했다.

[3] 단순미래

① 형태

▸ 단순미래시제의 어간 : 1군과 2군의 동사원형 자체

☞ 모든 단순미래 변화형 : "-r로 끝나는 어간 + 단순미래 어미"

-er로 끝나는 1군 동사 : aimer → aimer- + 미래시제어미

-yer로 끝나는 1군 동사 : employer → emploier- + 미래시제어미

-ir로 끝나는 2군 동사 : finir → finir- + 미래시제어미

-re로 끝나는 불규칙동사 : prendre → prendr- + 미래시제어미

▸ 미래시제

인칭	어미	aimer	finir	prendre
je	**-ai**	j'aimerai	je finirai	je prendrai
tu	**-as**	tu aimeras	tu finiras	tu prendras
il/elle	**-a**	il aimera	il finira	il prendra
nous	**-ons**	nous aimerons	nous finirons	nous prendrons

vous	**-ez**	vous aimerez	vous finirez	vous prendrez
ils/elles	**-ont**	ils aimeront	ils finiront	ils prendront

☞ 독특한 어간을 갖는 주요 불규칙동사의 단순미래 변화형

avoir → j'**aur**ai	pouvoir → je **pourr**ai
être → je **ser**ai	savoir → je **saur**ai
faire → je **fer**ai	vouloir → je **voudr**ai
aller → j'**ir**ai	voir → je **verr**ai
venir → je **viendr**ai	devoir → je **devr**ai

② 용법

▸ 미래에 일어날 동작이나 상태를 표현한다.

Il arrivera après-demain. 그는 모레 도착할 것이다.

En 2020, j'aurai trente ans. 2020년이면 나는 30살이 될 것이다.

Bientôt nous serons en vacances. 곧 우리는 휴가에 들 것이다.

▸ 추측을 표현한다.

On sonne. Ce sera Paul. 누군가 벨을 울린다. 폴일 거야.

▸ 공손한 어투의 요청이나 명령을 표현한다.

Vous prendrez la deuxième rue à gauche 왼쪽 두 번째 길로 가세요.

✓ 꼭! 알아둘 동사

savoir [싸부아-흐] 알다 (su ; sachant)

je sais [쥬 쎄]	nous savons [누 싸봉]
tu sais [뛰 쎄]	vous savez [부 싸베]
il sait [일 쎄]	ils savent [일 싸브]
elle sait [엘 쎄]	elles savent [엘 싸브]

être 반과거

j'étais [졔떼]	nous étions [누‿제티용]
tu étais [뛰 에떼]	vous étiez [부‿제티예]
il était [일 에떼]	ils étaient [일‿제떼]
elle était [엘 에떼]	elles étaient [엘‿제떼]

avoir 반과거

j'avais [쟈베]	nous avions [누‿자비용]
tu avais [뛰 아베]	vous aviez [부‿자비예]
il avait [일 아베]	ils avaient [일‿자베]
elle avait [엘 아베]	elles avaient [엘‿자베]

être 단순미래

je serai [쥬 쓰레]	nous serons [누 쓰롱]
tu seras [뛰 쓰라]	vous serez [부 쓰레]
il sera [일 쓰라]	ils seront [일 쓰롱]
elle sera [엘 쓰라]	elles seront [엘 쓰롱]

avoir 단순미래

j'aurai [죠레]	nous aurons [누‿죠롱]
tu auras [뛰 오라]	vous aurez [부‿죠레]
il aura [일 오라]	ils auront [일‿죠롱]
elle aura [엘 오라]	elles auront [엘‿죠롱]

entendre [엉떵-드흐] 듣다 (entendu ; entendant)

j'entends [졍떵]	nous entendons [누‿졍떵똥]
tu entends [뛰 엉떵]	vous entendez [부‿졍떵데]
il entend [일 엉떵]	ils entendent [일‿졍떵드]
elle entend [엘 엉떵]	elles entendent [엘‿졍떵드]

Français et culture

프랑스어와 문화이야기 (13)

▮재채기를 할 때 한마디!

인간 무의식의 가장 멋진 방어기제라고 하는 유머나 재치는 프랑스인들의 언어생활에서도 잘 나타난다. 그 일례로 프랑스에선 재채기를 하는 사람을 보면 누군가 즉시로 A vos (tes) souhaits! [아 보(떼) 수에] (당신에게 (너에게) 행운이!) 라고 재미있게 말해주고, 답례로 Merci! [메흐씨] (고마워요) 라고 주고받는 대화를 들을 수 있다.

또한 재채기를 연발한다면 두 번째에는 A vos (tes) amours! [아 보(떼)‿쟈무-흐] (당신 (너)의 사랑이 이루어지길!) 라고 말해주고, 답례로 Merci encore! [메흐씨 엉꼬르](또 고맙다) 라고 말하면, 사랑의 기원을 빌어 준 사람은 De rien [드 리앵] (별거 아니에요) 이라고 답례하며 서로 미소 짓는다.

이런 대화 덕에 재채기한 사람의 무안함은 좀 감해질 것이다. 그러나 재채기할 때 티슈가 없더라도 얼굴을 손이나 소매 등을 이용하여 급히 가리는 에티켓을 절대로 잊지 말아야 할 것이다.

세 나라 언어로 보는 격언 한마디

Petit à petit l'oiseau fait son nid.
Rome wasn't built in a day.
로마는 하루아침에 이루어지지 않았다.

Leçon 14 Un kilo de pommes, c'est combien?

사과 1킬로, 얼마예요?

Conversation I

Vendeuse Jeune homme, qu'est-ce qu'il vous faut?

Client Deux boîtes de fraises, trois pamplemousses et un demi-kilo de cerises.

Vendeuse En ce moment les melons sont extras, je vous les recommande ; c'est un pur régal!

Client D'accord, mettez-moi aussi un melon.

Vendeuse Voici 11 euros, SVP.

상인 젊은이! 무엇이 필요한가요?
손님 딸기 두 상자, 자몽 세 개 그리고 체리 500g 주세요.
상인 요즘 멜론이 신선해요. 이것 사세요. 아주 맛있어요.
손님 좋아요. 멜론 하나 담아주세요.
상인 여기 있습니다. 11유로입니다.

Conversation II

Vendeur Et madame...?

Cliente Je voudrais des pommes, s'il vous plaît.

Vendeur Combien?

Cliente Un kilo, s'il vous plaît.

Vendeur Oui, et avec ça?

Cliente C'est combien, les oranges?

Vendeur 2,20 euros le kilo.

Cliente Mettez-m'en deux kilos, s'il vous plaît.

Vendeur Oui. Les fraises sont bonnes. Vous n'en voulez pas?

Cliente Non merci. J'en ai acheté hier.

Vendeur C'est tout, madame?

Cliente Oui, c'est tout. Je vous dois combien?

Vendeur Ça fait 6,60 €.

Cliente Je suis désolée. Je n'ai pas de monnaie. Voilà vingt euros.

Vendeur Pas de problème. Voici treize euros quarante.

Cliente Merci. Au revoir.

Vendeur Moi de même. Au revoir.

상인 그리고 부인...?
손님 사과 좀 주세요.
상인 얼마큼 드릴까요?
손님 1 kg 주세요.
상인 예, 또 다른 건요?
손님 오렌지는 얼마죠?.
상인 킬로그램 당 2.20 유로입니다.
손님 2 kg 주세요.
상인 예, 딸기들도 맛있어요. 사실래요?
손님 아뇨. 저는 그것을 어제 샀어요.
상인 다 되었나요, 부인?
손님 예, 다 샀습니다. 얼마입니까?
상인 모두 6.60 유로입니다.
손님 미안하지만 잔돈이 없어요. 여기 20유로 있어요.
상인 문제없습니다. 여기 거스름돈 13.40유로 받으세요.
손님 고맙습니다. 안녕히 계세요.
상인 저도 마찬가지입니다. 안녕히 가세요.

단어 & 표현

jeune [줜느] 젊은

homme [옴므] n.m. 남자

- jeune homme [줜 옴므] 젊은이

vous [부] 당신에게 ▸2과 스피드 문법 참조

- Qu'est-ce qu'il vous faut? 당신에게 무엇이 필요한가요?

☞ vous : 주어로 '당신(들)은' 혹은 '너희들은' 이외에, 주어와 동사 사이에 놓여 '당신(들)에게', '너희들에게'라는 의미의 목적어로도 사용된다.

boîte [부아뜨] n.f. 상자

fraise [프레즈] n.f. 딸기

pamplemousse [뻥쁠무쓰] n. 자몽

kilo [낄로] n.m. 킬로그램(= kg)

- un demi-kilo [앵 드미 낄로] 500g

☞ demi-명사 : demi의 형태 불변

- une demi-heure (○) / une demie-heure (×)

☞ 명사 + et demie 앞의 명사의 성(姓)에만 일치 (복수에는 일치하지 않음)

- une heure et demie (○)
  une heure et demi (×)
- deux heures et demie (○)
  deux heures et demies (×)

melon [멀롱] n.m. 멜론

extra [엑쓰트라] 아주 좋은, 최상품의

les [레] 그들을, 그녀들을, 그것들을

☞ les : 정관사 용법 이외에 주어와 동사 사이에 놓여 직접목적어로 사용된다.

recommander [흐꼬멍데] 추천하다

pur(*e*) [쀠-흐] 순수한

régal [헤갈] n.m. 맛있는 것, 즐거움을 주는 것

mettre [메트흐] 놓다

euro [으호] 유로화

☞ 프랑스에서는 유로화 하위 단위 표기할 때, 소숫점 (.)을 쓰지 않고, 쉼표(,)를 사용하는 것에 유의한다.

SVP [씰 부 쁠레] 부탁해요 (= S'il vous plaît)

vouloir [불루아-흐] 원하다

voudrais [부드레] (vouloir 동사의 조건법) ▸스피드 문법 참조

- Je voudrais [쥬 부드레] + 동사원형 / 명사 : ~를 원하다

☞ 조건법으로 표현하면 말씨를 누그러뜨린 예의를 갖춘 표현이 되기도 한다.

pomme [뽐므] n.f. 사과

kilo [낄로] 1,000g

- un kilo [앵 낄로] 1kg의 중량
- le kilo [르 낄로] 1kg당

orange [오헝-쥬] n.f. 오렌지

et avec ça? [에 아벡 싸] 또 달리 필요한 건요?

en [엉] 그것을 (de + 명사) ▸11과 스피드 문법 참조

acheter [아슈떼] 사다

hier [이예-흐] 어제

tout [뚜] 전부, 모든 것

- C'est tout? 전부 다 됐나요?

devoir [드부아-흐] (+ 사람) ~에게 지불해야 하다

- Je vous dois combien? 제가 당신에게 얼마를 지불해야 하나요?

faire [페-흐] (계산) ~가 되다

- Ça fait 6,60€. 6.60유로입니다.

désolé(*e*) [데졸레] 유감스러운, 미안한

☞ Je suis navré(*e*) : désolé(*e*) 보다 좀 더 강한 뉘앙스로 쓰인다.

monnaie [모네] n.f. 잔돈

problème [프로블렘] n.m. 문제

- pas de problème [빠 드 프로블렘] 괜찮아요.

de même [드 멤므] 마찬가지 ▸10과 단어 & 표현 참조

스피드 문법

[1] 조건법 현재

조건법이란 원칙적으로 현실에서는 있을 수 없는 조건을 가정해 놓고 일어날 일을 표현하는 데 쓰이는 동사시제이다.

① 형태

▸ 어간 : 단순미래의 어간과 동일 ▸13과 스피드 문법 참조

▸ 어미 : 반과거의 어미와 동일 ▸13과 스피드 문법 참조

	어간	어미	avoir	être	aimer	finir
je (j')	-r	**-ais**	aurais	serais	aimerais	finirais
tu		**-ais**	aurais	serais	aimerais	finirais
il/elle		**-ait**	aurait	serait	aimerait	finirait
nous		**-ions**	aurions	serions	aimerions	finirions
vous		**-iez**	auriez	seriez	aimeriez	finiriez
ils/elles		**-aient**	auraient	seraient	aimeraient	finiraient

② 용법

▸ 어떤 특정 상황에서 일어날 수 있는 행위를 표현한다.

Dans ce cas-là, je viendrais. 그럴 경우, 내가 올 테야.

A votre place, j'accepterais. 내가 당신이었다면 나는 수락했을 테야.

▸ 부탁, 요구 등을 공손하게 표현하거나 확언을 피하고 싶을 때 사용한다.

Je voudrais vous dire. 제가 당신께 말씀을 드리고 싶은데요.

Pourriez-vous m'aider? 저를 좀 도와주실 수 있으시나요?

J'aimerais aller à Paris. 저는 파리에 가고 싶은데요.

☞ 이 경우는 pouvoir(~할 수 있다), vouloir(원하다), aimer(원하다), être(~이다), savoir (알다) 등의 동사들과 잘 어울려 사용된다.

▸ 확실하지 않은 경우에 쓰인다.

Elle aurait bien 50 ans. 그녀는 아마 50세는 족히 되었을지 몰라.

Serait-il 8 heures? 8시인가요?

On pourrait aller à l'école. 사람들이 학교에 갔는지 몰라.

Le ciel est encore gris : il pourrait pleuvoir cette nuit. 하늘이 여전히 잿빛이라서, 오늘밤에 비가 올지도 몰라.

▸ 간접화법에서 과거속의 미래를 표현한다.

Il me dit "Je reviendrai." 그는 돌아올 것이라고 내게 말한다.

↳ Il m'a dit qu'il reviendrait. 그는 돌아올 것이라고 내게 말했다.

[2] 인칭대명사 및 중성대명사의 순서

① 평서문

1인칭 & 2인칭	3인칭		중성대명사	
me te nous vous	le la les	lui leur	y	en

▸ 한 문장에 둘 이상의 목적보어가 사용될 경우는 위의 표의 순서에 따른다.

Je donne cette fleur à ma sœur. 나는 이 꽃을 나의 누이에게 준다.
→ Je **la lui** donne. 나는 그것을 그녀에게 준다.
→ Je ne **la lui** donne pas. 나는 그것을 그녀에게 주지 않는다.

Il **nous y** rencontre. 그는 우리를 거기서 만난다.
Il **y en** a beaucoup. 그것이 많다.

▸ 부정 평서문의 경우, 긍정 평서문의 순서와 동일하다.
Je **ne vous le** dirai **pas**. 저는 당신에게 그것을 말씀드리지 않을 겁니다.
Je **ne le lui** ai **pas** dit. 난 그것을 그에게 말하지 않았어.

▸ me, te, nous, vous와 lui, leur는 한 문장에서 나란히 올 수 없다.
이 경우, 간접목적보어는 à + 강세형으로 하여 동사 뒤에 놓는다.

Je vous présente à ces dames. 나는 당신을 이 부인들에게 소개합니다.
→ Je **vous** présente à elles. 나는 당신을 그녀들에게 소개합니다.

Elle me lui présente. (×)
→ Elle **me** présente à **lui**. 그녀는 나를 그에게 소개한다.

② 의문문

▸ 주어만 동사 뒤로 이동된다.
Me le donneras-tu? 넌 내게 그것을 줄 거니?
Leur en avez-vous parlé? 당신은 그들에게 그것에 대해 말했나요?

▸ 부정 의문문의 경우, 긍정 의문문의 순서와 동일하다.

Ne me le donneras-tu **pas**? 넌 내게 그것을 안 줄거니?

Ne leur en avez-vous **pas** parlé? 당신은 그들에게 그것에 대해 말해주지 않았나요?

③ 명령문

▸ 긍정 명령문의 경우는 동사의 명령형 + 직접 보어 + 간접 보어 순이다.
이 때 1인칭과 2인칭은 강세형으로 전환하여 맨 뒤로 이동하며, 다른 것은 동사 바로 뒤에 놓인다.
Donne-**moi** un carnet de timbres! 우표 10장을 주세요.
Donne-**le-moi**! 그것을 나에게 줘!
Présente-**la-moi**. 그녀를 내게 소개해라.
Parlez-**m'en**! 내게 그것에 대해 말해주세요!

▸ 부정 명령문의 경우는 평서문의 순서와 같다.
Ne me la donne **pas**. 내게 그것을 주지 마세요.
Ne le lui donne **pas**. 그것을 그에게 주지 마세요.

[3] 동사원형을 요구하는 동사들이 직·간접 목적어와 같이 쓸 때의 위치

(ne) + vouloir / devoir / pouvoir / savoir + (pas) + 목적어 + 동사원형

Je veux **le** voir. 나는 그를 보고 싶다.
Je dois **le** faire à midi. 나는 정오까지 그것을 해야 한다.
Je ne veux pas **lui** parler. 나는 그에게 말하고 싶지 않다.

[4] même의 다양한 쓰임

위치와 결합어에 따라 여러 가지 의미를 지닌다.

① 관사 + même + 명사 : 동일한 ~

Nous partons **le même jour**. 우리는 같은 날 떠나요.

② 정관사 + même : 동일한 것

Pour lui un café, pour moi **le même.** 그는 커피, 나도 같은 것으로.

③ 대명사-même : 자신, 자체

Nous le ferons **nous-mêmes**. 우리가 직접 그것을 할 것이다.

④ 명사 + même : 바로

Il est parti **le jour même** du mariage. 그는 결혼하는 바로 그날 떠났다.

⑤ même + 관사 + 명사 : 조차, 까지

Même les voisins sont venus le voir. 그의 이웃까지도 그를 보러 왔다.

⑥ 기타 표현

Moi **de même**. 나도 마찬가지야.
Il pleut, je partirai **quand même**. 비가 오기는 하지만 난 떠날 거야.

[5] 수량 표현 (2) 수사 + 척도단위명사 + de + 명사

un kilo de tomates 토마토 1kg
une livre de fraises = 500g de fraises 딸기 500g
un gramme d'or 금 1g
un mètre de corde 끈 1m
un demi-litre de lait 우유 500리터
un litre de lait 우유 1리터
une douzaine d'œufs 달걀 12개

☞ un/une ⇒ deux, trois,... 등으로 바꾸면 수량이 조절된다.
Deux kilos de tomates 토마토 2kg

✓ 꼭! 알아둘 동사

recommander [흐꼬멍데] 추천하다 (recommandé ; recommandant)

je recommande [쥬 흐꼬멍드]	nous recommandons [누 흐꼬멍동]
tu recommandes [뛰 흐꼬멍드]	vous recommandez [부 흐꼬멍데]
il recommande [일 흐꼬멍드]	ils recommandent [일 흐꼬멍드]
elle recommande [엘 흐꼬멍드]	elles recommandent [엘 흐꼬멍드]

mettre [메트흐] 놓다 (mis ; mettant)

je mets [쥬 메]	nous mettons [누 메똥]
tu mets [뛰 메]	vous mettez [부 메떼]
il met [일 메]	ils mettent [일 메뜨]
elle met [엘 메]	elles mettent [엘 메뜨]

acheter [아슈떼] 사다 (acheté ; achetant)

j'achète [쟈셰뜨]	nous achetons [누‿쟈슈똥]
tu achètes [뛰 아셰뜨]	vous achetez [부‿쟈슈떼]
il achète [일 아셰뜨]	ils achètent [일‿쟈셰뜨]
elle achète [엘 아셰뜨]	elles achètent [엘‿쟈셰뜨]

vouloir 조건법 현재형

je voudrais [쥬 부드레]	nous voudrions [누 부드리용]
tu voudrais [뛰 부드레]	vous voudriez [부 부드리예]
il voudrait [일 부드레]	ils voudraient [일 부드레]
elle voudrait [엘 부드레]	elles voudraient [엘 부드레]

Français et culture

프랑스어와 문화이야기 (14)

Tour [뚜르], 남성명사 혹은 여성명사?

1903년부터 개최되었던 le Tour de France [르 뚜르 드 프랑스] (프랑스 자전거 일주 대회) 는 세계에서 가장 큰 자전거 경주 대회이다. 매년 7월 3주간에 걸쳐 4,000km에 달하는 거리를 경주하는 이 대회를 지켜보는 이가 1500만 명이 넘고 카라반을 몰고 전국을 따라 다니는 열성팬들도 많다고 한다. 매년 출발도시와 코스가 다르지만 결승 지점은 언제나 파리의 “샹젤리제”(Champs-Élysées) 거리이다.

전 구간을 통해 누적시간이 가장 짧은 선수는 le maillot jaune [르 마이요 죤느] (노란색 상의)를 입고 경주하기 때문에, 노란색이 이 대회의 상징이기도 하다.

여기서 잠깐 눈여겨 볼 것은, Tour 라는 단어는 에펠탑을 말할 때 la Tour Eiffel [라 뚜‿레펠]이라고 언급된다. 그런데 프랑스어에서 tour 라는 말은 의미에 따라서 남성 또는 여성으로 달리 사용된다. ‘경주, 일주’ 등의 의미일 때는 남성명사이며, ‘탑’을 의미할 때는 여성명사로 쓰이기 때문에 관사일치에 유의하자.

또한 “샹젤리제” 거리는 ‘낙원의 들판’이라는 아름다운 의미를 갖고 있다. 이곳은 그리스신화에서 영웅이나 덕업을 지은 사람들이 망각의 강 레테에서 몸을 씻은 후에 가게 되는 지명에서 유래한 것이다.

끝으로, 샹젤리제 거리와 가까운 곳에 위치한 프랑스 대통령관저도 “엘리제궁”(Palais de l’Élysée)이라고 불린다.

Leçon 15 Vous cherchez quelque chose?

무엇을 찾으세요?

Conversation 1

Employé Bonjour, madame. Puis-je vous aider?

Cliente Oui, je cherche un chemisier mais je ne trouve pas ma taille.

Employé Venez par ici. Vous faites du combien?

Cliente Je fais du 38.

Employé Qu'est-ce que vous préférez comme couleur? J'ai ce modèle en vert, blanc ou jaune.

Cliente Le jaune me plaît beaucoup. Je peux l'essayer?

Employé Bien sûr. Allez-y. La cabine d'essayage est derrière vous. [...]

Cliente Qu'est-ce que vous en pensez?

Employé Ça vous va à merveille et cet été le jaune est très à la mode.

Cliente Ehm... je pense que c'est un peu petit pour moi. Ça me serre un peu. Je voudrais l'essayer en 39.

Employé Pas de problème.

Cliente Le 39 me va bien. Je le prends. Combien ça coûte?

Employé 45 euros, s'il vous plaît.

Cliente Vous acceptez la carte bleue?

Employé Non, désolé. Nous n'acceptons que de l'argent liquide.

Cliente Alors, il y a un distributeur près d'ici?

Employé Oui, il y en a un juste en face.

Cliente Je reviens tout de suite. [...]

Employé Merci, tenez votre chemisier. Au revoir, bonne journée!

Cliente Merci, vous aussi. Au revoir!

종업원 안녕하세요, 부인, 무엇을 도와드릴까요?
고객 예. 저는 셔츠를 하나 찾고 있는데요, 제 사이즈를 못 찾겠어요.
종업원 이쪽으로 오세요. 치수가 어떻게 되세요?
고객 38입니다.
종업원 어떤 색깔을 선호하세요? 이 모델로는 초록색, 흰색 또는 노란색이 있어요.

고객 이 노란색이 맘에 들어요. 입어봐도 되나요?
종업원 예. 입어보세요. 탈의실은 당신 뒤쪽에 있어요. [...]
고객 입은 모습 어때요?
종업원 잘 어울리네요 게다가 올여름에는 노란색이 아주 유행이에요.
고객 음. 제 생각에는 제게 좀 작은 것 같아요. 제게 약간 작아요. 39 사이즈를 입어봤으면 해요.
종업원 문제없습니다.
고객 39사이즈가 잘 맞네요. 이걸로 사겠어요. 얼마죠?
종업원 45 유로입니다.
고객 신용카드도 되나요?
종업원 죄송하지만 안 됩니다. 우리는 현금만 가능해요.
고객 그러면 현금자동인출기가 근처에 있나요?
종업원 예. 바로 정면에 하나 있습니다.
고객 곧 돌아올게요. [...]
종업원 고맙습니다. 셔츠 받으세요, 또 오십시오. 좋은 날 되십시오.
고객 고맙습니다. 안녕히 계세요.

Conversation II

Employée Bonjour, monsieur! Est-ce que je peux vous aider?
Client Bonjour, je voudrais voir les chaussures noires là dans la vitrine.
Employée Bien sûr, monsieur. C'est pour vous? En quelle pointure?
Client Je fais du 41.
Employée Je regrette. En 41, nous les avons seulement en marron.
Client Bon, montrez-moi les marron.
Employée Voici..., ça va?
Client Elles sont trop étroites. Vous les avez en plus larges?
Employée Ah non, monsieur. Voulez-vous voir un autre modèle?
Client J'hésite.
Employée Attendez..., nous ne les avons pas en rayon, mais il y en a dans la réserve. Une minute, s'il vous plaît. [...] Les voici.
Client Je me sens mieux dans le 42. Je les prends.
Employée Vous payez comment?
Client Par carte bancaire.

종업원 안녕하세요. 무엇을 도와드릴까요?
고객 안녕하세요. 전시되어 있는 검정색 구두를 봤으면 해요.
종업원 예. 당신이 신으실 건가요? 사이즈는 무엇입니까?
고객 41 사이즈입니다.
종업원 죄송합니다만, 41 사이즈는 밤색만 있습니다.
고객 좋아요. 밤색을 보여주세요.
종업원 여기 있습니다...잘 맞나요?
고객 너무 꽉 조이는군요. 좀 더 큰 사이즈 있나요?
종업원 없는데요... 다른 모델을 보시겠어요?
고객 글쎄요...
종업원 잠깐만요... 전시되어 있지는 않지만 창고에는 더 큰 사이즈가 있습니다. 잠시만 기다려주세요. [...] 여기 있습니다.
고객 42 사이즈가 더 편하군요. 이걸로 사겠습니다.
종업원 무엇으로 지불하십니까?
고객 신용카드로요.

단어 & 표현

chercher [셰흐셰] 찾다, 구하다

aider [에데] 돕다

trouver [트루베] 발견하다, 찾아내다

chemisier [슈미지예] n.m. 여성용 블라우스

chemise [슈미즈] n.f. 남성용 와이셔츠

☞ 두 단어의 성에 유의

- chemise de nuit [슈미즈 드 뉘이] 여성용 잠옷
- pyjama [삐쟈마] n.m. (남성용) 잠옷

taille [따이으] n.f. 치수(의복)

venez [브네] (venir [브니-흐]) 오다

faire [페-흐] 치수가 ~이다

- Je fais du 38. 제 치수는 38입니다.

préférer [프레페헤] 선호하다

couleur [꿀뤄-흐] n.f. 색깔

modèle [모델] n.m. 유형, 모델

jaune [죤느] 노란색(의)

plaît [쁠레] (plaire [쁠레-흐]) 마음에 들다

peux [뿨] (pouvoir [뿌부아-흐]) ~할 수 있다

essayer [에쎄이예] 입어보다, 신어보다

cabine [까빈] n.f. (특정용도의) 공간

- cabine d'essayage [까빈 데쎄이야쥬] 탈의실

derrière [데리예흐] 뒤에 (↔ devant [드벙] 앞에)

penser [뻥쎄] 생각하다

- penser de + 명사 : ~에 대해 생각하다
- penser à + 명사 : ~을 생각하다

merveille [메흐베이으] n.f. 훌륭한 것

- à merveille 훌륭하게

mode [모드] n.f. 유행

- à la mode [알 라 모드] 유행 중인

que [끄] (+ 명사절) ▸스피드 문법 참조

un peu [엉 뿨] 조금, 약간

☞ peu 거의 ~않는

pour [뿌흐] ~위한

me [므] 나에게, 나를

aller + à + 사람 : ~에게 잘 어울리다

- Ça me va bien. 이것은 내게 잘 어울린다.

prendre [프렁드흐] 사다

coûter [꾸떼] 가격이 ~이다

accepter [악쎕떼] 수락하다

carte [꺄흐뜨] n.f. 카드

- carte bleue [꺄흐뜨 블뤄] 신용카드 = carte bancaire [꺄흐뜨 벙께-흐]

☞ 프랑스에서 널리 통용되는 신용카드의 색깔이 파란색이기 때문에 carte bleue라고 한다.

ne ~ que [느~끄] 단지

argent [아흐졍] n.m. 돈, 화폐, 은(화)

liquide [리끼드] n.m. 현금(의), 액체, 음료

☞ 발음주의 리퀴드 (x)

- argent liquide 현금
- distributeur [디쓰트리뷔뛰-흐] n.m. 공급기, 현금인출기

en [엉] 중성대명사 ▸11과 스피드 문법 참조

juste [쥐쓰뜨] 바로

- Il est 6 heures juste(s). [일 에 씨‿줘-흐 쥐쓰뜨] = Il est 6 heures pile. 6시 정각이다.

face [파쓰] n.f. 앞면

- juste en face 바로 앞에

revenir [흐브니-흐] 돌아오다

tout de suite [뚜 드 쒸이뜨] 즉시

- Il faut partir tout de suite. 즉시 떠나야한다.

☞ A tout de suite. [아 뚜 드 쒸이뜨] 이따가 보자.

tenir [뜨니-흐] (손에) ~을 쥐다

☞ tenir une promesse 약속을 지키다

☞ faire une promesse 약속을 하다

chaussure [소쒸-흐] n.f. 신발

noir(*e*) [누아-흐] 검은

vitrine [비트린] n.f. 진열장

pointure [뿌앵뛰르] n.f. (신발) 치수

regretter [흐그레떼] 유감이다, 애석하다

marron [마홍] n.m. 밤(색)

montrer [몽트레] 보여주다

autre [오-트흐] 다른 ▸스피드 문법 참조

hésiter [에지떼] 주저하다

attendre [아떵-드흐] 기다리다

rayon [헤이용] n.m. 매장, 선반

réserve [헤제르브] n.f. 상품창고

se sentir [쓰 썽띠-흐] (느낌) ~하다 ▸스피드 문법 참조

payer [뻬이예] 지불하다

스피드 문법

[1] 대명동사

대명동사란 재귀인칭대명사를 동반하는 동사로, 주어 자신에 행위가 미치게 되는 동사를 말한다.

① 형태

	단수	복수
1인칭	me	nous
2인칭	te	vous
3인칭	se	

▸ 동사에 따라 또 다른 목적보어가 있으면 재귀대명사는 간접목적보어가 된다.

▸ 대명동사는 복합과거 시제에서 être 동사를 조동사로 취하며, 과거분사는 재귀대명사가 직접목적보어일 때만 주어의 성수에 일치시킨다.

② 용법 대명동사의 의미에 따라 네 가지로 구분한다.

▸ 재귀적 대명동사

Je me sens mieux. 나는 기분이 나아졌다.

→ Je me suis senti(*e*) mieux. 나는 기분이 나아졌다. **(직·목 : 과거분사 일치)**

Elle se lave les mains. 그녀는 손을 씻는다.

→ Elle s'est lavé les mains. 그녀는 손을 씻었다. **(간·목 : 과거분사 불변)**

☞ Elle s'est lavée. **(직·목 : 과거분사 일치)**

▸ 상호적 대명동사 (주어가 복수일 때)

Ils se sont aimés. 그들은 서로 사랑했다. **(직·목 : 과거분사 일치)**

Nous nous sommes écrit des lettres. 우리는 서로에게 편지를 썼다. **(간·목 : 과거분사 불변)**

▸ 수동적 대명동사

La porte se ferme. 문이 닫힌다. **(진행상태)**

☞ 수동태 문장 La porte est fermée. 문이 닫혀 있다. **(완료상태)**

▸ 본질적 대명동사 (항상 대명동사)

Le voleur s'enfuit. 도둑이 달아난다.

Elles se sont moquées de moi. 그녀들은 나를 비웃었다. **(직·목 : 과거분사 일치)**

☞ 본질적 대명동사의 경우는 거의 대부분 직접목적보어로 취급한다.

[2] autre의 용법

① autre + 명사 : 다른 ~ (↔ même)

Il est devenu **un autre homme**. 그는 다른 사람이 되었다.

② l'un l'autre (복수형 : les uns les autres) : 서로

Ils s'aiment **l'un l'autre**. 그들은 서로를 사랑한다.

③ l'un à l'autre : 한 사람씩

Il nous présente **l'un à l'autre**. 그는 우리들을 한 사람씩 소개했다.

④ les uns et les autres : 모두들

Les uns et les autres sont partis. 모두들 떠났다.

[3] 접속사 que

① 종속절 que + 주어 + 동사 + 목적보어 / 속사

Je pense **que** c'est super. 내 생각엔 그건 아주 멋져.

Il m'a dit **que** tu étais très mignon(*ne*). 그는 네가 아주 귀엽다고 내게 말했어.

② 비교구문 plus, aussi, moins ~ que

Il est **plus** grand **que** moi. 그는 나보다 키가 크다.

Il est **aussi** grand **que** moi. 그는 나보다 키가 같다.

Il est **moins** grand **que** moi. 그는 나보다 키가 작다.

③ 제한적 의미 ne ~ que = seulement (단지)

Je **ne** pense **qu'**à toi. 나는 오직 네 생각뿐이야.

☞ 부정문 Je ne pense pas qu'à toi. 내가 네 생각만 하는 건 아니야.

④ 형용사 tel, quel, même, autre ~ que

Je t'aime **tel que** tu es. 나는 있는 그대로의 너를 좋아해.

Je pense la **même** chose **que** toi. 나도 너와 동감이야.

✓ 꼭! 알아둘 동사

aider [에데] 돕다 (aidé ; aidant)

j'aide [제드]	nous aidons [누‿제동]
tu aides [뛰 에드]	vous aidez [부‿제데]
il aide [일 에드]	ils aident [일‿제드]
elle aide [엘 에드]	ells aident [엘‿제드]

chercher [셰흐셰] 찾다 (cherché ; cherchant)

je cherche [쥬 셰흐슈]	nous cherchons [누 셰흐숑]
tu cherches [뛰 셰흐슈]	vous cherchez [부 셰흐셰]
il cherche [일 셰흐슈]	ils cherchent [일 셰흐슈]
elle cherche [엘 셰흐슈]	elles cherchent [엘 셰흐슈]

préférer [프레페헤] 선호하다 (préféré ; préférant)

je préfère [쥬 프레페흐]	nous préférons [누 프레페홍]
tu préfères [뛰 프레페흐]	vous préférez [부 프레페헤]
il préfère [일 프레페흐]	ils préfèrent [일 프레페흐]
elle préfère [엘 프레페흐]	elles préfèrent [엘 프레페흐]

essayer [에쎄이예] 시도하다 (essayé ; essayant)

j'essaie [제쎄]	nous essayons [누‿제쎄이용]
tu essaies [뛰 에쎄]	vous essayez [부‿제쎄이예]
il essaie [일 에쎄]	ils essaient [일‿제쎄]
elle essaie [엘 에쎄]	elles essaient [엘‿제쎄]

penser [뻥쎄] 생각하다 (pensé ; pensant)

je pense [쥬 뻥쓰]	nous pensons [누 뻥쏭]
tu penses [뛰 뻥쓰]	vous pensez [부 뻥쎄]
il pense [일 뻥쓰]	ils pensent [일 뻥쓰]
elle pense [엘 뻥쓰]	elles pensent [엘 뻥쓰]

serrer [쎄헤] 조이다 (serré ; serrant)

je serre [쥬 쎄흐]	nous serrons [누 쎄홍]
tu serres [뛰 쎄흐]	vous serrez [부 쎄헤]
il serre [일 쎄흐]	ils serrent [일 쎄흐]
elle serre [엘 쎄흐]	elles serrent [엘 쎄흐]

coûter [꾸떼] (가격) ~되다 (coûté ; coutant)

je coûte [쥬 꾸뜨]	nous coûtons [누 꾸똥]
tu coûtes [뛰 꾸뜨]	vous coûtez [부 꾸떼]
il coûte [일 꾸뜨]	ils coûtent [일 꾸뜨]
elle coûte [엘 꾸뜨]	elles coûtent [엘 꾸뜨]

montrer [몽트레] 보여주다 (montré ; montrant)

je montre [쥬 몽트르]	nous montrons [누 몽트롱]
tu montres [뛰 몽트]	vous montrez [부 몽트레]
il montre [일 몽트르]	ils montrent [일 몽트르]
elle montre [엘 몽트르]	elles montrent [엘 몽트르]

revenir [흐브니-흐] 돌아오다 (revenu ; revenant)

je reviens [쥬 흐비앵]	nous revenons [누 흐브농]
tu reviens [뛰 흐비앵]	vous revenez [부 흐브네]
il revient [일 흐비앵]	ils reviennent [일 흐비옌느]
elle revient [엘 흐비앵]	elles reviennent [엘 흐비옌느]

tenir [뜨니-흐] 잡다 (tenu ; tenant)

je tiens [쥬 티앵]	nous tenons [누 뜨농]
tu tiens [뛰 티앵]	vous tenez [부 뜨네]
il tient [일 티앵]	ils tiennent [일 티옌느]
elle tient [엘 티앵]	elles tiennent [엘 티옌느]

hésiter [에지떼] 주저하다 (hésité ; hésitant)

j'hésite [졔지뜨]	nous hésitons [누‿졔지똥]
tu hésites [뛰 에지뜨]	vous hésitez [부‿졔지떼]
il hésite [일 에지뜨]	ils hésitent [일‿졔지뜨]
elle hésite [엘 에지뜨]	elles hésitent [엘‿졔지뜨]

attendre [아떵-드흐] 기다리다 (attendu ; attendant)

j'attends [쟈떵]	nous attendons [누‿쟈떵동]
tu attends [뛰 아떵]	vous attendez [부‿쟈떵데]
il attend [일 아떵]	ils attendent [일‿쟈떵드]
elle attend [엘 아떵]	elles attendent [엘‿쟈떵드]

sentir [썽띠-흐] 느끼다 (senti ; sentant)

je sens [쥬 썽]	nous sentons [누 썽똥]
tu sens [뛰 썽]	vous sentez [부 썽떼]
il sent [일 썽]	ils sentent [일 썽뜨]
elle sent [엘 썽]	elles sentent [엘 썽뜨]

Français et culture

프랑스어와 문화이야기 (15)

Jeune homme, vous êtes dans la lune!

우리는 가끔 대화중에 다른 생각에 젖거나 집중하지 못해서 대화에 제대로 참여하지 못하는 수가 있다. 프랑스에서도 특히 수업 도중에 딴청피우는 학생을 보게 되면, 교사가 말하기를 Jeune homme, vous êtes dans la lune! [쥔 옴므, 부‿제뜨 덩 라 륀느] (어이, 젊은이! 당신은 달나라에 가 있네요!), Revenez sur la terre! [흐브네 쒸흐 라 떼-흐] (지구로 돌아오세요!) 라고 하면서 유머로 주의를 환기시키기도 한다.

세 나라 언어로 보는 격언 한마디

Les petits ruisseaux font les grandes rivières.
Great oaks from little acorns grow.
티끌모아 태산

Leçon 16 Allô? Qui est à l'appareil?

여보세요? 누구세요?

Conversation 1

Employée Agence Michelin, bonjour.

Monsieur Oui, bonjour. J'aimerais parler à Mme Benveniste, s'il vous plaît.

Employée Je n'ai pas bien entendu. Pouvez-vous épeler le nom, s'il vous plaît?

Monsieur B-E-N-V-E-N-I-S-T-E

Employée Ne quittez pas. Je vous la passe. […] Ah, le poste est occupé. Voulez-vous laisser un message?

Monsieur Oui, pouvez-vous lui demander de me rappeler sur mon portable?

Employée Elle connaît votre numéro?

Monsieur Oui, je crois.

Employée D'accord, je lui dirai. Au revoir!

Monsieur Merci, au revoir!

교환원 안녕하세요. 미슐린 사무실 입니다.
남자 예, 안녕하세요. 벤베니스트 부인과 통화하고 싶습니다.
교환원 잘 안 들립니다. 이름의 철자를 불러주시겠습니까?
남자 B-E-N-V-E-N-I-S-T-E
교환원 잠깐만요. 연결해 드리겠습니다. [ ] 아, 그 부서가 통화중입니다. 메시지를 남기시겠습니까?
남자 예, 벤베니스트 부인께 제 휴대폰으로 전화해달라고 전해주시겠습니까?
교환원 부인께서 당신 번호를 아시나요?
남자 예, 그럴 거예요.
교환원 알겠습니다. 전해드리겠습니다.
남자 고맙습니다.

Conversation II

Monsieur	Allô, Félix!
Madame	Allô? Qui est à l'appareil?
Monsieur	C'est Simon. Je suis bien chez Félix Robinson?
Madame	Ah non, il n'y a pas de Félix ici. C'est une erreur.
Monsieur	Oh, excusez-moi! Désolé de vous avoir dérangé.
Madame	Je vous en prie.

남자 여보세요. 펠릭스!
부인 여보세요? 누구십니까?
남자 시몬이에요. 펠릭스 로빈스씨 댁 아닌가요?
부인 아닙니다, 여긴 그런 사람 없는데요. 잘못 거셨네요.
남자 오, 죄송합니다. 방해해서 미안합니다.
부인 괜찮습니다.

단어 & 표현

Allô [알로] 여보세요
agence [아졍쓰] n.f. (대행·관리) 사무소
Michelin [미슐랭] 미슐린회사
entendre [엉떵-드흐] 듣다, 들리다
épeler [에쁠레] ~의 철자를 읽다
appareil [아빠헤이] n.m. 전화기, 기구
aimerais [엠므레] ~하고 싶다 (aimer동사의 완곡한 표현)
parler [빠흘레] 말하다
quitter [끼떼] 떠나다
passer [빠쎄] (전화를) 연결하다
poste [뽀스트] n.m. 부서, 직위
☞ 명사의 성 구분에 유의(어휘의 발음 동일)
- le poste (부서, 직위) vs la poste (우체국)
- le tour (일주) vs la tour (탑)
- le capital (자산) vs la capitale (수도)
- le cours (수업, 시세) vs la cour (궁정, 뜰)

occupé(*e*) [오뀌뻬] (전화가) 통화중인, 바쁜
laisser [레쎄] 남기다
message [메싸쥬] n.m. 메시지, 전언
demander [드멍데] 의뢰하다
rappeler [하쁠레] 다시 전화하다
portable [뽀흐따블] n.m. 휴대전화, 노트북
numéro [뉘메호] n.m. (주소, 전화 등의) 번호
croire [크로아-흐] 믿다
dire [디-흐] 말하다
chez [셰] ~(의) 집에(서)
- chez nous [세 누] 우리나라, 우리집에(서)

erreur [에훠-흐] n.f. 오류
s'excuser [쎅쓰뀌제] 사과하다
déranger [데헝제] 번거롭게 하다, 방해하다

스피드 문법

[1] 형용사 + 전치사 de / à + 동사원형

형용사의 보어로 동사원형이 쓰일 때는 반드시 전치사 de나 à가 개입된다.

① 형용사 + de + 동사원형

Je suis **désolé(*e*) de** vous déranger. 당신을 방해해서 미안합니다.

Je suis très **heureu*x*(*se*) de** te voir. 너를 봐서 아주 기뻐.

Il est **interdit de** fumer. 담배피우는 것은 금지입니다.

② 형용사 + à + 동사원형

La langue française n'est pas très **difficile à** apprendre. 프랑스어는 배우기에 아주 어렵지 않다.

C'est une chose **facile à** faire. 이것은 하기 쉬운 일이다.

Cette eau est **bonne à** boire. 이 물은 마실 만하다.

[2] 정중한 부탁의 표현

프랑스어에서는 부탁이나 요구가 필요할 때 pouvoir, aimer, vouloir, préférer 등의 동사의 어미를 다음과 같이 활용시켜 말함으로써 어조를 완화시킨다.

① Pourriez-vous + 동사원형 : ~해 주시겠습니까?

Pourriez-vous m'aider? 저를 좀 도와주시겠습니까?

② J'aimerais + 동사원형 : ~하고 싶어요.

J'aimerais aller à Paris. 파리에 가보고 싶어요.

③ Je voudrais + 동사원형 또는 명사 : ~를 원합니다.

Je voudrais vous dire quelque chose. 당신께 할 말이 있어요.

☞ Voudriez-vous aller au cinéma? 영화관에 가고 싶으세요?

꼭! 알아둘 동사

aimer 조건법 현재

j'aimerais [젬므레]	nous aimerions [누‿젬므리용]
tu aimerais [뛰 엠므레]	vous aimeriez [부‿젬므리예]
il aimerait [일 엠므레]	ils aimeraient [일‿젬므레]
elle aimerait [엘 엠므레]	elles aimeraient [엘‿젬므레]

épeler [에쁘레] 철자를 말하다 (épelé ; épelant)

j'épelle [제뻴]	nous épelons [누‿제쁠롱]
tu épelle [뛰 에뻴]	vous épelez [부‿제쁠레]
il épelle [일 에뻴]	ils épellent [일‿제뻴]
elle épelle [엘 에뻴]	elles épellent [엘‿제뻴]

quitter [끼떼] 떠나다 (quitté ; quittant)

je quitte [쥬 끼뜨]	nous quittons [누 끼똥]
tu quittes [뛰 끼뜨]	vous quittez [부 끼떼]
il quitte [일 끼뜨]	ils quittent [일 끼뜨]
elle quitte [엘 끼뜨]	elles quittent [엘 끼뜨]

passer [빠쎄] 전화를 건네주다 (passé ; passant)

je passe [쥬 빠쓰]	nous passons [누 빠쏭]
tu passes [뛰 빠쓰]	vous passez [부 빠쎄]
il passe [일 빠쓰]	ils passent [일 빠쓰]
elle passe [엘 빠쓰]	elles passent [엘 빠쓰]

demander [드멍데] 의뢰하다 (demandé ; demandant)

je demande [쥬 드멍드]	nous demandons [누 드멍동]
tu demandes [뛰 드멍드]	vous demandez [부 드멍데]
il demande [일 드멍드]	ils demandent [일 드멍드]
elle demande [엘 드멍드]	elles demandent [엘 드멍드]

rappeler [하쁠레] 다시 전화하다 (rappelé ; rappelant)

je rappelle [쥬 하뻴]	nous rappelons [누 하쁠롱]
tu rappelles [뛰 하뻴]	vous rappelez [부 하쁠레]
il rappelle [일 하뻴]	ils rappellent [일 하뻴]
elle rappelle [엘 하뻴]	elles rappellent [엘 하뻴]

s'excuser [쎅쓰뀌제] 사과하다 (excusé ; s'excusant)

je m'excuse [쥬 멕쓰뀌즈]	nous nous excusons [누 누‿젝쓰뀌종]
tu t'excuses [뛰 떽쓰뀌즈]	vous vous excusez [부 부‿젝쓰뀌제]
il s'excuse [일 쎅쓰뀌즈]	ils s'excusent [일 쎅쓰뀌즈]
elle s'excuse [엘 쎅쓰뀌즈]	elles s'excusent [엘 쎅쓰뀌즈]

déranger [데헝제] 방해하다 (dérangé ; dérangeant)

je dérange [쥬 데헝쥬]	nous dérangeons [누 데헝죵]
tu déranges [뛰 데헝쥬]	vous dérangez [부 데헝제]
il dérange [일 데헝쥬]	ils dérangent [일 데헝쥬]
elle dérange [엘 데헝쥬]	elles dérangent [엘 데헝쥬]

Français et culture

프랑스어와 문화이야기 (16)

"여보세요"는 프랑스어로 Allô? [알로]

프랑스에서는 전화를 받을 때 우리말의 "여보세요"에 해당되는 첫 마디로서 Allô [알로] 뿐만 아니라 Oui, bonjour [위이, 봉쥬-흐]도 흔히 사용된다. Oui, bonjour는 상대방에게 인사를 건네는 의미도 겸하고 있는 좋은 표현이다.

또한 "내게 전화해줘"라는 표현을 강한 느낌을 주는 Téléphonez-moi! [뗄레포네-모아], 혹은 Appelez-moi! [아쁠레-모아]라고 하기 보다는 Passez-moi un coup de fil! [빠쎄-모아 앵 꾸드 필]이라고 말하는 편이 더 좋다.

☞ "너와 나"라는 프랑스어 표현은 Toi et Moi [뚜아 에 모아] 이다. Moi의 발음은 [무아]보다 [모아]에 가깝게 발음하자.

Leçon 17 Je voudrais réserver une place!

자리 하나 예약하고 싶습니다.

Conversation 1

Cliente Bonjour, je voudrais réserver une place pour Marseille ce week-end, s'il vous plaît.

Employé Oui, quel jour voulez-vous partir?

Cliente Le 14 août.

Employé Vous préférez partir le matin ou l'après-midi?

Cliente Je pars l'après-midi.

Employé Bon, il y a un train à 14h.

Cliente C'est parfait. Pourrez-vous faire deux réservations en deuxième classe, s'il vous plaît.

Employé Aller simple ou aller-retour?

Cliente Aller-retour, s'il vous plaît.

Employé Compartiment fumeur ou non fumeur?

Cliente Non fumeur, s'il vous plaît.

Employé C'est cent vingt euros. Vous le payez comment? Par carte bleue, par chèque, en espèces?

Cliente Je paie avec ma carte bleue.

Employé Tenez les billets.

Cliente Merci. Au revoir, monsieur.

Employé Au revoir, madame.

고객 안녕하세요. 이번 주말에 마르세이유행 좌석을 예약하고 싶어요.
철도원 예, 언제로 해드릴까요?
고객 8월 14일요.
철도원 오전 오후 중에서 언제로요?
고객 오후에 떠납니다.
철도원 좋아요. 오후 2시에 출발하는 기차가 있습니다.
고객 완벽해요. 2등석으로 두 좌석 예약해 주시겠습니까?

철도원 편도, 왕복 중에서 어떤 것으로 하시겠어요?
고객 왕복으로요.
철도원 금연석과 비금연석 중에서 어떤 것으로 하시겠어요?
고객 금연석으로 주세요.
철도원 120 유로입니다. 무엇으로 지불하실 겁니까? 신용카드 혹은 수표, 혹은 현금으로요?
고객 신용카드로 지불할께요.
철도원 영수증 받으세요.
고객 고맙습니다.
철도원 또 오세요.

Conversation II

Hôtelier Hôtel La Caravelle, bonjour.

Cliente Bonjour monsieur. Est-ce que vous avez une chambre pour 2 personnes?

Hôtelier Oui, Pour combien de nuit?

Cliente Pour 5 nuits, du 3 au 8 mai. C'est combien par nuit?

Hôtelier Ça dépend.... Une chambre double avec douche, ça coûte 95 euros,... avec baignoire... 130 euros.

Cliente Est-ce que le petit-déjeuner est compris?

Hôtelier Non, il n'est pas inclus dans le prix de la chambre. Il est à 8,50 euros.

Cliente D'accord. Je prends la chambre avec le petit-déjeuner.

Hôtelier C'est noté. Pouvez-vous me confirmer la réservation par fax ou e-mail?

Cliente Oui, bien sûr.

호텔리어 안녕하십니까? 호텔 라 카라벨입니다.
고객 안녕하세요. 2인용 방 있나요?
호텔리어 예, 며칠 동안 머무르실 겁니까?
고객 5월 3일부터 8일까지 5박 입니다. 하루 숙박에 얼마입니까?
호텔리어 경우에 따라 다릅니다. 샤워만 할 수 있는 방은 95유로이며, 욕조가 딸린 방은 130 유로입니다.
고객 아침식사는 포함된 가격인가요?
호텔리어 아니오. 포함되어 있지 않습니다. 아침식사비는 8.50유로입니다.

고객	좋아요. 아침식사를 추가하겠습니다..
호텔리어	적어놓았습니다. 팩스나 이메일로 예약을 확인해주시기 바랍니다.
고객	예, 알겠습니다.

단어 & 표현

réserver [헤제흐베] 예약하다

place [쁠라쓰] n.f. ① 좌석(권), ② 광장

pour [뿌-흐] ① (도착지) ~행 pour Marseille 마르세이유 행 ② ~ 위한 pour 2 personnes 두 사람을 위한

Marseille [마흐쎄이으] 마르세이유 (프랑스 남쪽 지중해 바다에 면해있는 도시)

quel jour [껠 쥬-흐] 무슨 날짜, 무슨 요일

préférer [프레페헤] 선호하다 ▸문법설명 참조

partir [빠흐띠-흐] 떠나다

août [우(뜨)] n.m. 8월

parfait(*e*) [빠흐페(뜨)] 완벽한

réservation [헤제흐바씨옹] n.f. 예약

deuxième [둬지옘므] 두 번째(의)

classe [끌라쓰] n.f. 등급

aller simple [알레 쌩쁠] 편도

aller-retour [알레 흐뚜-흐] 왕복

compartiment [꼼빠흐띠멍] n.m. 칸

payer [뻬이예] 지불하다

par [빠흐] ~로

chèque [셰끄] n.m. 수표

- par chèque 수표로
- par carte bleue 신용카드로

espèce [에쓰뻬쓰] n.f. 현금

- en espèces 현금으로

billet [비예] n.m. 지폐

chambre [셩-브르] n.f. 방, 침실

dépendre [데뻥-드흐] ~에 달려있다, 의존하다

combien [꽁비앵] (수량, 정도) 얼마

- combien de nuits 며칠 밤

double [두블르] 2인용의

douche [두슈] n.f. 샤워(시설)

baignoire [베누아-흐] n.f. 욕조

petit-déjeuner [쁘띠 데쥬네] n.m. 아침식사

inclus(*e*) [앵끌뤼(즈)] 포함된

prix [프리] n.m. 가격

noté [노떼] 메모된

confirmer [꽁피흐메] 확인하다

fax [팍쓰] n.m. 팩스

e-mail [이멜] n.m. 이메일 (전자우편)

bien sûr! [비앵 쒸-흐] 물론이지요!

☞ 동감의 표현
Tout à fait ! [뚜‿따 페]
Absolument! [앞쏠리멍]

스피드 문법

[1] 선호 표현

① aimer / adorer + 명사 또는 동사원형

J'aime Sylvie. 나는 실비를 좋아해.

J'aime le cinéma. 나는 영화를 좋아해.

Je n'aime pas faire la cuisine. 나는 요리하는 걸 좋아하지 않아.

Elle adore faire des cadeaux à ses amis. 그녀는 친구들에게 선물하길 좋아해.

② plaire / dire + à + 사람

Elle plaît beaucoup à Paul. 그녀는 폴의 마음에 든다.

Passez-moi le sel, s'il vous plaît. 소금 좀 건네주실래요.

Ça te dit d'aller voir un film avec nous? 너 우리와 함께 영화 보러 갈래?

③ se plaire + à + 동사원형

Elle se plaît à dire du mal de tout le monde. 그녀는 모든 사람들에 대해 악담하길 좋아한다.

④ préférer + 동사원형 또는 명사

Elle préfère se coucher de bonne heure. 그녀는 일찍 자는 것을 선호한다.

Je préfère le vin rouge au vin blanc. 난 백포도주보다 적포도주를 더 좋아해.

⑤ avoir préférence pour + 명사

Catherine a une nette préférence pour son fils Henri. 카트린느는 그의 아들 앙리를 분명 더 좋아한다.

⑥ Il vaut mieux + 동사원형

Il vaut mieux partir tout de suite. 당장 떠나는 편이 더 낫다.

[2] 수사의 기본 표현

① 기수의 용법

☞ 수사의 성(un / une)의 구분에 유의 : trente et **un** étudiants / trente et **une** étudiantes

☞ 기수가 서수적으로 쓰이는 경우는 예외적으로 앞의 명사가 여성명사일지라도 un이 변화하지 않음 : Leçon 1 = Leçon un [르쏭 엉] , page 1 = page un [빠쥬 엉]

▸ 일시 표현

8월 14일 오후 2시 : à 14 heures le 14 août

☞ 매월 1일은 서수 1er (= premier)로 표시 : le 1er (= premier) août

▸ 군주 또는 왕비의 칭호

Louis XIV : 루이 14세

Napoléon III : 나폴레옹 3세 ☞ **나폴레옹 1세** : Napoléon 1er

▸ 서적의 구분

Chapitre II : 제2장

Tome II : 제2권

Acte II : 제2막

Leçon II : 제2과

▸ 쪽수의 구분

page 30 : 제30쪽

☞ 30 pages : 1쪽 ~ 30쪽까지의 분량

▸ 분수의 분자 표시

1/5 → **un** cinquième [엉 쌩끼옘므]

② 서수의 용법

▸ 형태 서수 = 기수 + -ième (제3부터는 규칙에 따름)

☞ 제1 = premi*er*(*ère*) [프르미에(-흐)]

제2 = second(*e*) [쓰공(드)] 또는 deuxième [둬지옘므]

제3 = troisième [트루아지옘므]

제10 = dixième [디지옘므]

제100 = centième [썽띠옘므]

▶ 순위 표현

19세기 : Le dix-neuvième siècle [르 디즈 눠비옘므 씨예끌르]

▶ 분수의 분모 표시

1/5 → un **cinquième** [엉 쌩끼옘므]

☞ 1/2 → un demi [엉 드미]

1/3 → un tiers [엉 티예-흐]

1/4 → un quart [엉 꺄-흐]

3/4 → trois quatrièmes [트루아 꺄트리옘므]

✓ 꼭! 알아둘 동사

réserver [헤제흐베] 예약하다 (réservé ; rservant)

je	réserve [쥬 헤제흐브]	nous	réservons [누 헤제흐봉]
tu	réserves [뛰 헤제흐브]	vous	réservez [부 헤제흐베]
il	réserve [일 헤제흐브]	ils	réservent [일 헤제흐브]
elle	réserve [엘 헤제흐브]	elles	réservent [엘 헤제흐브]

pouvoir [뿌부아-흐] 조건법 현재

je	pourrais [쥬 뿌레]	nous	pourrions [누 뿌리용]
tu	pourrais [뛰 뿌레]	vous	pourriez [부 뿌리예]
il	pourrait [일 뿌레]	ils	pourraient [일 뿌레]
elle	pourrait [엘 뿌레]	elles	pourraient [엘 뿌레]

dépendre [데뻥-드흐] ~에 달려있다 (dépendu ; dépendant)

je	dépends [쥬 데뻥]	nous	dépendons [누 데뻥동]
tu	dépends [뛰 데뻥]	vous	dépendez [부 데뻥데]
il	dépend [일 데뻥]	ils	dépendent [일 데뻥드]
elle	dépend [엘 데뻥]	elles	dépendent [엘 데뻥드]

comprendre [꽁프랑-드흐] 이해하다 (compris ; comprenant)

je comprends [쥬 꽁프렁]	nous comprenons [누 꽁프르농]
tu comprends [뛰 꽁프렁]	vous comprenez [부 꽁프르네]
il comprend [일 꽁프렁]	ils comprennent [일 꽁프렌느]
elle comprend [엘 꽁프렁]	elles comprennent [엘 꽁프렌느]

confirmer [꽁피흐메] 확인하다 (confirmé ; confirmant)

je confirme [쥬 꽁피흠므]	nous confirmons [누 꽁피흐몽]
tu confirmes [뛰 꽁피흠므]	vous confirmez [부 꽁피흐메]
il confirme [일 꽁피흠므]	ils confirment [일 꽁피흠므]
elle confirme [엘 꽁피흠므]	elles confirment [엘 꽁피흠므]

Français et culture

프랑스어와 문화이야기 (17)

프랑스어로 건물 층수를 알아두자!

프랑스에서는 건물의 층수를 말하는 표현이 색다르다. 우리나라와 미국에서 말하는 건물의 1층을 프랑스에서는 rez-de-chaussée [헤-드-쇼쎄] ('도로면과 같은 높이'의 뜻)라고 한다. 이것은 영국에서도 1층을 ground floor라고 말하는 것과 닮았다.

이와 같이 프랑스에서는 우리 식의 건물 2층부터 le premier étage [르 프르미예‿레따쥬], le deuxième étage [르 둬지엠 에따쥬]..., 지하층은 sous-sol [쑤-쏠] 등으로 말하므로 승강기 이용 시 유의하자.

* 따라서 승강기 층수 번호는 일반적으로 다음과 같이 적혀있다.

3	(우리나라 4층)
2	(우리나라 3층)
1	(우리나라 2층)
RdC	(우리나라 1층)
S-S	(우리나라 B1)

세 나라 언어로 보는 격언 한마디

Pierre qui roule n'amasse pas de mousse.
A rolling stone gathers no moss.
구르는 돌에는 이끼가 끼지 않는다.

Leçon 18 J'aimerais envoyer un paquet.

소포 하나 보내고 싶어요.

Conversation I

Client	Bonjour madame. Je voudrais envoyer ce paquet en France.
Employée	Oui, en tarif normal ou en prioritaire?
Client	En tarif prioritaire, s'il vous plaît.
Employée	Il vous faut autre chose?
Client	Oui, donnez-moi un carnet de timbres, s'il vous plaît.
Employée	Voilà. Au total, ça fait 18,50 euros.

고객 안녕하세요. 프랑스로 이 소포를 보냈으면 해요.
직원 예, 보통우편과 특급 중에서 어떤 것으로요?
고객 특급으로 보내주세요
직원 또 다른 거 필요하신 거 있으십니까?
고객 예, 우표 10장을 주세요.
직원 여기 있습니다. 전부 18.50 유로입니다.

Conversation II

Client	Bonjour madame
Employée	Bonjour monsieur.
Client	Je voudrais faire de la monnaie. Quel est le cours du dollar?
Employée	Aujourd'hui, 1 euro 75 à la vente et 1 euro 65 à l'achat.
Client	Donnez-moi 400 euros en billet de 100, s'il vous plaît.
Employée	Et le reste?
Client	Quatre billets de 50 et 20 euros en pièces de 1 et de 2 euros.
Employée	Voilà. Ce sera tout?
Client	Oui, merci, madame. Au revoir!
Employée	Au revoir monsieur!

직원 안녕하세요, 부인.
고객 안녕하세요.
고객 화폐를 교환하려고 해요. 달러 시세가 어떻게 되나요?
직원 오늘은 구매시 1유로는 75달러이고, 파실 때는 1유로에 65달러 드립니다.
고객 100유로 지폐로 400유로 주세요.
직원 나머지는요?
고객 50유로 4장과 20유로는 1유로와 2유로로 교환해주세요.
직원 여기 있습니다. 더 필요하신 건 없으십니까?
고객 예, 고맙습니다 부인. 안녕히 계세요
직원 안녕히 가세요.

단어 & 표현

aimerais [엠므레] (aimer 동사의 조건법) ▸14과 스피드 문법 참조

voudrais [부드레] 원하다(vouloir 동사의 조건법)

envoyer [엉부아이예] (우편물 등을) 보내다

paquet [빠께] n.m. 상자

tarif [따리프] n.m 요금

normal(*e*) [노흐말] 보통의

prioritaire [프리오리떼-흐] 우위의

donner [도네] 주다

carnet [까흐네] n.m. 10장짜리 묶음

timbre [땡-브흐] n.m. 우표

total [또딸] n.m. 총계

monnaie [모네] n.f. 잔돈

- faire de la monnaie 잔돈으로 교환하다

cours [꾸-흐] n.m. 시세

- cours du dollar 달러 시세

vente [벙뜨] n.f. 매도, 판매

achat [아샤] n.m. 매입, 구입

reste [헤쓰뜨] n.m. 나머지

pièce [삐예쓰] n.f. 낱개, (희곡, 문학, 음악) 작품

- Donne-moi 20 euros en pièce de 2 euros. 2유로짜리로 20유로 주세요.

tout [뚜] 전부

- Ce sera tout? [쓰 쓰라 뚜] 이게 전부인가요? 더 필요한 건 없나요?
- et avec ça? [에 아벡 싸] 또 달리 필요한 건요?

스피드 문법

[1] 대명사 tout, tous, toutes

☞ 대명사 tous [뚜쓰] 발음주의, 여성단수형 toute는 없다.

Tout va bien. 모든 것이 다 잘 된다.

Tous sont venus. 모두 왔어요.

Il était seul contre **tous**. 그는 혼자서 반대하였다.

Les enfants sont **tous** rentrés. 아이들은 모두 귀가했다.

Il **nous** a invités **tous**. 그는 우리 모두를 초대했다.

☞ 과거분사 또는 동사원형 앞에 놓인다.

Je veux **tout** voir. 나는 전부 보기를 원한다.

J'ai **tout** mangé. 나는 전부 다 먹었다.

[2] 수량 표현 (3)

수량 표현 가운데 명사를 이용한 표현을 알아보자.

① 수사 + 단위명사 + de + 명사

un carnet de timbres 우표 10장

un morceau de fromage 치즈 한 조각

une tranche de jambon 햄 한 조각

un tube de mayonnaise 마요네즈 한 통

une bouteille d'huile 기름 한 병

un paquet de biscuits 비스킷 한 곽

un pot de miel 꿀 한 병

une boîte de tomates 토마토 한 박스

une brique de jus d'orange 오렌지 쥬스 한 팩

☞ un/une → deux, trois··· 등으로 원하는 수량의 수사를 바꾸어 표현 가능하다

trois morceaux de fromage 치즈 세 조각

② 수량명사 + de + 명사

Il a donné la moitié de son croissant à sa sœur. 그는 자기 빵의 절반을 동생에게 주었다.

Les chats dorment la plupart du temps. 고양이들은 대부분의 시간을 잠잔다.

✓ 꼭! 알아둘 동사

envoyer [엉부아이예] (우편물을) 보내다 (envoyé ; envoyant)

j'envoie [졍부아]	nous envoyons [누‿졍부아용]
tu envoies [뛰 엉부아]	vous envoyez [부‿졍부아예]
il envoie [일 엉부아]	ils envoient [일‿졍부아]
elle envoie [엘 엉부아]	elles envoient [엘‿졍부아]

donner [도네] 주다 (donné ; donnant)

je donne [쥬 돈느]	nous donnons [누 도농]
tu donnes [뛰 돈느]	vous donnez [부 도네]
il donne [일 돈느]	ils donnent [일 돈느]
elle donne [엘 돈느]	elles donnent [엘 돈느]

Français et culture

프랑스어와 문화이야기 (18)

Mona Lisa 또는 La Joconde

"예술의 나라"라는 이름에 걸맞게 프랑스에는 멋진 박물관들이 많다. 그 가운데서도 특히 다빈치의 유명한 "모나리자"(Mona Lisa) 그림은 프랑스 루브르 박물관에 있다. 그런데 프랑스에서는 "모나리자"를 일컬어 La Joconde [라 죠꽁드] 라고 말한다. 넓은 루브르 박물관 안에서 모나리자 그림이 어디에 있는지 묻고 싶다면 Où se trouve La Joconde, s'il vous plaît? [우 쓰 트루브 라 죠꽁드, 씰 부 쁠레] 라고 해보자.

이밖에도 루브르에는 사모트라케의 승리의 여신상 니케, 밀로의 비너스, 그리고 인류사에서 가장 오래된 법령으로 꼽히는 함무라비 법전비를 보관하고 있다.

프랑스 박물관의 입장료는 꽤 비싼 편인데, 루브르 박물관은 매월 첫 일요일을 무료로 개방한다.

Leçon 19 J'ai mal partout!

온몸이 아파요!

Conversation 1

Docteur Bonjour, madame. Alors, qu'est-ce que vous avez?

Cécile J'ai mal à la gorge depuis hier. Et je commence à avoir mal partout et un peu de fièvre.

Docteur Qu'est-ce que vous avez fait hier?

Cécile J'ai marché sous la pluie car j'ai oublié d'apporter la parapluie.

Docteur Et vous toussez?

Cécile Oui, un peu.

Docteur C'est la grippe. Je vous fais une ordonnance.

Cécile D'accord.

Docteur La consultation coûtera 25 euros.

Cécile Je vous remercie. Bonne journée!

Docteur Bonne journée! Soignez-vous bien.

의사 안녕하세요. 부인. 자, 어디가 불편하신가요?
세실 어제부터 목이 아파요. 그리고 온몸이 아프기 시작하고 열이 나기 시작해요.
의사 어제 무엇을 했나요?
세실 우산을 가져오는 걸 잊어버려서 비를 맞고 걸었어요.
의사 기침은 있습니까?
세실 예, 약간.
의사 감기입니다. 처방을 해 드리겠습니다.
세실 예, 그렇게 해 주세요.
의사 진료비는 25유로입니다.
세실 고맙습니다. 좋은 하루 되세요.
의사 좋은 하루 되세요. 푹 쉬세요.

Conversation II

Sylvie Bonjour. J'étais en train de nager dans la mer et j'ai eu une douleur violente dans le pied droit.

Docteur Laissez-moi regarder ça...

Sylvie Oui, voici.

Docteur Est-ce que ça vous fait mal quand vous tournez de ce côté?

Sylvie Oui, ça me fait très mal.

Docteur Vous avez dû forcer un muscle en nageant. Je vais vous prescrire une pommade et vous devez éviter d'utiliser votre pied pendant plus ou moins une semaine.

Sylvie D'accord. Merci docteur.

실비 안녕하세요. 제가 바다에서 수영을 하고 있었는데, 오른쪽 발에서 강한 통증을 느꼈어요.
의사 어디 볼까요?
실비 예. 여기입니다.
의사 이쪽으로 등을 돌릴 때 아프신가요?
실비 예, 아주 아픕니다.
의사 수영하시면서 근육에 무리를 주었군요. 포마드를 처방해 드리겠습니다. 그리고 적어도 일주일 정도는 발을 사용하지 마시기 바랍니다.
실비 예, 의사선생님 고맙습니다.

단어 & 표현

mal [말] n.m. 고통

☞ avoir mal + à + 정관사 + 신체부분: ~아프다

- J'ai mal à la gorge. 나는 목이 아프다.

☞ faire mal (+ à + 사람) 아프게 하다

- Ça me fait très mal. 그것이 날 아프게 한다.

commencer [꼬멍쎄] 시작하다

☞ commencer à + 동사원형 : ~하기 시작하다

partout [빠흐뚜] 도처에

Qu'est-ce que vous avez? [께스끄 부‿자베] (불편한 일이 있어 보일 때 묻는 표현) 무슨 일 있나요? 어디 아프세요?

gorge [고흐쥬] n.f. 인후, 목구멍

depuis [드쀠이] ~이래로

hier [이예-흐] 어제

peu [쁘] 거의 ~않다

- un peu [엉 쁘] 조금
- un peu de + 명사 : 약간의 ~

fièvre [피예-브흐] n.f. 발열

marcher [걷다] 걷다

sous [쑤] ~아래(에)

☞ 위치 및 장소를 나타내는 전치사

- à [아] ~에(서) Il est à Paris. 그는 파리에 있다.
- en [엉] ~에(서) Il habite en France. 그는 프랑스에 거주하고 있다.
- de [드] ~로부터 Il vient de Corée. 그는 한국 출신이다.
- dans [덩] ~안에 Il est dans la voiture. 그는 자동차 안에 있다.
- sur [쒸흐] ~위에, ~표면에 Il est sur le canapé. 그는 소파에 앉아있다
- devant [드벙] ~앞에 Il est devant le supermarché. 그는 슈퍼마켓 앞에 있다.
- derrière [데리에-흐] ~뒤에 Il habite derrière le musée. 그는 박물관 뒤편에 살고 있다.
- à côté de [아 꼬떼 드] ~옆에 Il est à côté de moi. 그는 내 옆에 있다.
- entre ~ et ~ [엉트흐 ~ 에 ~] ~와 ~사이(에) La Corée est entre la Chine et la Japon.

pluie [비] n.f. 비

oublier [우블리에] 잊다

- oublier de + 동사원형 : ~하는 것을 잊다

apporter [아뽀흐떼] 가져오다, 지참하다

parapluie [빠하쁠뤼이] n.f. 우산

tousser [뚜쎄] 기침하다

grippe [그맆프] n.f. 유행성 감기

ordonnance [오흐도넝-쓰] n.f. 처방(전)

consultation [꽁쓀따씨용] n.f. 진료(비)

soigner [쑤아녜] 돌보다

train [트랭] n.m. 기차, 대열, 추이

- être en train de + 동사원형 : ~하는 중이다

mer [메-흐] n.f. 바다

douleur [둘뤄-흐] n.f. 고통

violent(e) [비욜렁(뜨)] 심한

pied [삐에] n.m. 발

- dans le pied droit 오른발에

laisser [레쎄] 허용하다

quand [껑] ~할 때, 언제 (≒ 영어의 when)

- Il arrive quand? 그는 언제 도착해요?

tourner [뚜흐네] 돌리다

forcer [포흐쎄] 강요하다

muscle [뮈쓰끌] n.m. 근육

nager [나졔] 수영하다

- en nageant [엉 나졍] 수영하면서

prescrire [프레쓰크리-흐] 처방하다

pommade [뽀마드] n.f. 연고

devoir [드부아-흐] (+ 동사원형) ~해야 한다

éviter [에비떼] 피하다

utiliser [위띨리제] 사용하다

pendant [뻥덩] ~동안

plus ou moins [쁠뤼‿주 무앵] 다소간

semaine [쓰멘느] n.f. 주(7일)

docteur [독뙤-흐] n.m. 의사, 박사

➔ 스피드 문법

[1] 진행 표현

① en train : 진행 중의

Le travail est en train. 그 일이 진행 중이다.

② être en train de + 동사원형 : 진행의 강조 (~하는 중이다)

Il travaille. → Il est en train de travailler. 그는 일하는 중이다.

[2] 동사 + 동사원형 구문

동사 다음에 전치사 없이 또 다른 동사원형을 동반하는 동사들

① 이동동사 : aller (가다), venir (오다), monter (오르다), descendre (내려가다)

Il est venu me voir. 그는 나를 보러 왔다.

Je monte se coucher. 나는 자러 위층으로 간다.

② 인지·지각동사 : entendre (듣다), écouter (듣다), voir (보다), regarder (보다), savoir (알다), sentir (느끼다), penser (생각하다), compter (생각하다)

Il sait lire. 그는 읽을 줄 안다.

Je pense partir. 나는 떠날 생각이다.

③ 선호동사 : aimer (좋아하다), vouloir (원하다), adorer (좋아하다), préférer (선호하다), désirer (원하다), détester (싫어하다)

J'aime voir un film de Vincent. 나는 뱅상의 영화를 보고 싶다.

J'ai voulu partir. 나는 떠나기를 원했다.

④ 사역동사 : faire (~하도록 시키다), laisser (~하게 내버려두다)

Il fait chanter Sylvie. 그는 실비에게 노래하도록 시킨다.

Elle laisse jouer les enfants. 그녀는 아이들이 놀게 내버려둔다.

⑤ 준조동사 : pouvoir (~할 수 있다), falloir (~해야 한다)

Je peux nager en piscine. 나는 수영장에서 수영할 수 있다.

Il ne faut pas dire une chose pareille. 그런 말을 해서는 안 된다.

[3] 동사 + à 또는 de + 동사원형 구문

① 동사 + à + 동사원형

Mon enfant apprend à lire. 내 아이가 읽는 것을 배운다.

Elle commence à pleurer. 그녀는 울기 시작한다.

Nous n'avons pas réussi à les trouver. 우리는 그들을 찾아내지 못했다.

② 동사 + de + 동사원형

J'ai décidé de partir. 나는 떠날 것을 결심했다.

J'ai oublié de fermer la porte. 나는 문을 닫는 것을 잊었다.

Il essaie toujours d'y aller. 그는 언제나 그곳에 가려고 애쓴다.

✓ 꼭! 알아둘 동사

marcher [마흐셰] 걷다 (marché ; marchant)

je marche [쥬 마흐슈]	nous marchons [누 마흐숑]
tu marches [뛰 마흐슈]	vous marchez [부 마흐셰]
il marche [일 마흐슈]	ils marchent [일 마흐슈]
elle marche [엘 마흐슈]	elles marchent [엘 마흐슈]

oublier [우블리예] 잊다 (oublié ; oubliant)

j'oublie [쥬블리]	nous oublions [누‿주블리용]
tu oublies [뛰 우블리]	vous oubliez [부‿주블리예]
il oublie [일 우블리]	ils oublient [일‿주블리]
elle oublie [엘 우블리]	elles oublient [엘‿주블리]

apporter [아뽀흐떼] 가져오다 (apporté ; apportant)

j'apporte [아뽀흐뜨]	nous apportons [누‿자뽀흐똥]
tu apportes [뛰 아뽀흐뜨]	vous apportez [부‿자뽀흐떼]
il apporte [일 아뽀흐뜨]	ils apportent [일‿자뽀흐뜨]
elle apporte [엘 아뽀흐뜨]	elles apportent [엘‿자뽀흐뜨]

tousser [뚜쎄] 기침하다 (toussé ; toussant)

je tousse [쥬 뚜쓰]	nous toussons [누 뚜쏭]
tu tousses [뛰 뚜쓰]	vous toussez [부 뚜쎄]
il tousse [일 뚜쓰]	ils toussent [일 뚜쓰]
elle tousse [엘 뚜쓰]	elles toussent [엘 뚜쓰]

laisser [레쎄] 허용하다 (laissé ; laissant)

je laisse [쥬 레쓰]	nous laissons [누 레쏭]
tu laisses [뛰 레쓰]	vous laissez [부 레쌔]
il laisse [일 레쓰]	ils laissent [일 레쓰]
elle laisse [엘 레쓰]	elles laissent [엘 레쓰]

tourner [뚜흐네] 돌리다 (tourné ; tournant)

je tourne [쥬 뚜흔느]	nous tournons [누 뚜흐농]
tu tournes [뛰 뚜흔느]	vous tournez [부 뚜흐네]
il tourne [일 뚜흔느]	ils tournent [일 뚜흔느]
elle tourne [엘 뚜흔느]	elles tournent [엘 뚜흔느]

soigner [쑤아녜] 돌보다 (soigné ; soignant)

je soigne [쥬 쑤안느]	nous soignons [누 쑤아뇽]
tu soignes [뛰 쑤안느]	vous soignez [부 쑤아녜]
il soigne [일 쑤안느]	ils soignent [일 쑤안느]
elle soigne [엘 쑤안느]	elles soignent [엘 쑤안느]

nager [나졔] 수영하다 (nagé ; nageant)

je nage [쥬 나쥬]	nous nageons [누 나죵]
tu nages [뛰 나쥬]	vous nagez [부 나졔]
il nage [일 나쥬]	ils nagent [일 나쥬]
elle nage [엘 나쥬]	elles nagent [엘 나쥬]

forcer [포흐쎄] 강제하다 (forcé ; forçant)

je force [쥬 포흐쓰]	nous forçons [누 포흐쏭]
tu forces [뛰 포흐쓰]	vous forcez [부 포흐쎄]
il force [일 포흐쓰]	ils forcent [일 포흐쓰]
elle force [엘 포흐쓰]	elles forcent [엘 포흐쓰]

utiliser [위띨리제] 사용하다 (utilisé ; utilisant)

j'utilise [쥐띨리즈]	nous utilisons [누‿쥐띨리죵]
tu utilises [뛰 위띨리즈]	vous utilisez [부‿쥐띨리제]
il utilise [일 위띨리즈]	ils utilisent [일‿쥐띨리즈]
elle utilise [엘 위띨리즈]	elles utilisent [엘‿쥐띨리즈]

Français et culture

프랑스어와 문화이야기 (19)

일상 속의 빈출 표현 다섯 가지!

1. Bon appétit! [보‿나뻬티] 맛있게 드세요.
2. A tout à l'heure! [아 뚜‿딸 뤄-흐] 이따 봐요!
   ☞ 이 표현은 헤어지면서 오늘 중으로 다시 만날 경우의 인사말이다.
3. Quelle horreur! [껠 오훠-흐] 꼴불견이군.
   ☞ 이 표현은 정말 끔찍한 일이 벌어졌을 때도 사용할 수도 있다.
4. C'est la vie! [쎄 라 비] 인생이란 그런 거야.
   ☞ 이 표현은 어떤 일에 대해 앞으로 어떻게 할 것인지 묻는 의미가 함의된 것이다.
5. Oh là là! La catastrophe! [올 랄 라! 라 꺄타쓰트로프] 큰일이야.

세 나라 언어로 보는 격언 한마디

Rira bien qui rira le dernier.

He who laughs last laughs best.

마지막에 웃는 자가 진정 웃는 자이다.

Leçon 20 Tu pars en voyage?

너 여행 떠나니?

Conversation I

Client Bonjour. Je voudrais aller un mois en France avec mes parents au mois d'août.

Employée Voulez-vous faire un voyage organisé?

Client Non, nous souhaitons seulement prendre l'avion et nous nous débrouillerons sur place. J'ai des amis français qui pourront nous guider.

Employée Très bien. Vous partez visiter vos amis alors?

Client Oui.

Employée Je vous propose donc d'acheter votre billet d'avion chez notre agence.

Client D'accord.

고객 안녕하세요. 8월 한 달 동안 부모님을 모시고 프랑스에 가려고 해요.
직원 패키지여행을 원하십니까?
고객 아뇨. 우리는 단지 비행기만 타기를 원하고, 그곳에서 우리가 알아서 할 거예요. 우리를 안내해줄 프랑스인 친구가 있습니다.
직원 아주 좋습니다. 그러면 친구들을 보러 떠나시나요?
고객 예.
직원 우리 여행사에서 비행기표를 구매해 주실 것을 권합니다.
고객 예. 그렇게 하지요.

Conversation II

Daniel Ouah! Comme tu es toute bronzée! Ton voyage? Comment ça s'est passé?

Sylvie Pas mal, mais il a fait une chaleur étouffante. Plus de 30℃.

Daniel Tu es partie à la mer, toi?

Sylvie Oui, j'ai passé 2 semaines en Grèce. C'était génial.

Daniel Tu en as de la chance. Tu es partie avec qui?

Sylvie Je suis partie avec mon amie espagnole. Nous sommes restées une semaine à Athènes. Nous sommes allées au musée archéologique et on a visité beaucoup de temples. C'était superbe.

Daniel Et vous avez voyagé un peu dans le pays?

Sylvie La deuxième semaine on a voyagé dans le Péloponnèse.

Daniel Tu peux me montrer les photos?

Sylvie Bien sûr!

다니엘 우아! 너 완전히 그을렸네. 여행은 어땠어?
실비 그럭저럭, 근데 굉장히 더웠어. 거의 섭씨 30도 이상이었거던.
다니엘 바닷가에도 갔었니?
실비 응, 그리스에서 2주간을 보냈어. 대단했었어.
다니엘 운이 좋았구나. 누구와 갔었니?
실비 스페인 친구와 함께 떠났어. 우리는 아테네에서 일주간을 머물렀지. 우리는 고고학박물관과 여러 신전들을 구경했었어. 최고였어.
다니엘 그런데 너희들은 지방을 좀 여행했니?
실비 두 번째 주간은 펠레폰네소스에 갔었어.
다니엘 사진 좀 보여 줄래?
실비 물론이지!

단어 & 표현

mois [무아] 달
- un mois [앵 무아] 한 달
- au mois d'août [오 무아 두(뜨)] 8월달에
- en août [엉‿누(뜨)] 8월에

voyage [부아야-쥬] n.m. 여행
- voyage organisé 패키지 여행
- voyage d'affaires 출장
- faire un voyage 여행하다
- partir en voyage 여행을 떠나다
- être en voyage 여행 중이다

souhaiter [쑤에떼] 희망하다

avion [아비용] n.m. 비행기

débrouiller [데브루이예] 해결하다

sur place [쒸흐 쁠라스] 그 자리에서

guider [기데] 안내하다 (☞ u 묵음)

partir [빠흐띠-흐] 떠나다

☞ 복합과거: être + parti(*e*)(*s*) (주어의 성수에 과거분사를 일치시켜야 한다.)

visiter [비지떼] 방문하다

proposer [프로뽀제] 제안하다

acheter [아슈떼] 구매하다
agence [아졍쓰] n.f. 사무소
bronzé(*e*) [브롱졔] 구릿빛의
passer [빠쎄] 지내다
chaleur [샬뤄-흐] 더위
étouffant(*e*) [에투펑(뜨)] 숨 막히는 듯한
plus de [쁠뤼 드] ~이상
beaucoup de [보꾸 드] 많은~
Grèce [그레쓰] n.f. 그리스
chance [셩쓰] n.f. 행운
• J'ai de la chance! 나는 운이 좋다.

espagnol(*e*) [에쓰빠뇰] 스페인의
rester [헤쓰떼] 머무르다
Athènes [아뗀느] 아테네 (그리스 수도)
musée [뮈졔] n.m. 박물관, 미술관
archéologique [아흐케올로지끄] 고고학의
☞ 발음주의 : ch [k]
visiter [비지떼] 방문하다
temple [떵쁠] n.m. 신전
☞ beaucoup de temples 많은 신전
Péloponnèse [펠로뽄네즈] 펠로폰네소스
montrer [몽트레] 보이다

스피드 문법

[1] 수량 표현 (4)

수량부사를 이용한 수량표현에 대해 알아보자.

① 수량부사 + de + 명사

beaucoup de temples 많은 사원들
trop de monde 많은 군중들
assez de clients 상당량의 손님
tant de problèmes 많은 문제점들
autant de difficulté 그만큼의 어려움
bien de l'argent 많은 돈 (☞ bien 다음에는 관사가 생략되지 않음)

☞ 수량부사 + de + 명사 → en + 수량부사
J'ai déjà assez de pain → J'en ai déjà assez. 나는 이미 빵을 꽤 상당히 먹었다.

② 동사 + 수량부사

J'ai beaucoup aimé ce film. 이 영화 아주 맘에 들었어.
Il travaille trop. 그는 너무 많이 일한다.

③ 수량부사 + 형용사

C'est un homme assez important. 그 사람은 꽤 주요인물이다.

[2] 관계대명사 qui & que

관계대명사는 2문장을 1문장으로 만드는 기능을 하는 대명사이다.

① qui 관계절의 주어 대용

- J'ai un ami **qui** pourra nous guider. 우리를 안내해줄 친구가 있다. **(선행사 = 사람)**
  (J'ai un ami. + **Il** pourra nous guider.)

- Voici le livre **qui** me plaît beaucoup. 내 맘에 쏙 드는 책이 이거야. **(선행사 = 사물)**
  (Voici le livre. + **Le livre** me plaît beaucoup.)

- Je connais ce monsieur **avec qui** vous êtes allé(*e*)(*s*) au cinéma. **(선행사 = 사람)** 나는 당신(들)과 함께 영화관에 간 그 신사를 알고 있다.
  (Je connais ce monsieur. + Vous êtes allé(*e*)(*s*) au cinéma avec ce monsieur.)

☞ **전치사 + qui** : 선행사 = **사람**일 때만 가능

- N'achetez pas ce **qui** est trop cher. 너무 비싼 건 사지 마세요. **(선행사 = 사물)**

☞ 선행사 ce : 3인칭 단수 취급

② que 관계절의 목적어 대용

▸ Ce soir, je dîne avec un monsieur **que** tu ne connais pas bien. 오늘 저녁에 나는 네가 잘 모르는 사람과 저녁식사를 한다. **(선행사 = 사람)**
(Ce soir, je dîne avec un monsieur. + Tu ne connais pas bien un monsieur.)

▸ Prenez des livres **que** vous voulez. 원하는 책을 가지세요. **(선행사 = 사물)**
(Prenez des livres. + Vous voulez des livres.)

✓ 꼭! 알아둘 동사

souhaiter [쑤에떼] 희망하다 (souhaité ; souhaitant)

je souhaite [쥬 쑤에뜨]	nous souhaitons [누 쑤에똥]
tu souhaites [뛰 쑤에뜨]	vous souhaitez [부 쑤에떼]
il souhaite [일 쑤에뜨]	ils souhaitent [일 쑤에뜨]
elle souhaite [엘 쑤에뜨]	elles souhaitent [엘 쑤에뜨]

débrouiller [데브루이예] 해결하다 (débrouillé ; débrouillant)

je débrouille [쥬 데브루이으]	nous débrouillons [누 데브루이용]
tu débrouilles [뛰 데브루이으]	vous débrouillez [부 데브루이예]
il débrouille [일 데브루이으]	ils débrouillent [일 데브루이으]
elle débrouille [엘 데브루이으]	elles débrouillent [엘 데브루이으]

guider [기데] 안내하다 (guidé ; guidant)

je guide [쥬 기드]	nous guidons [누 기동]
tu guides [뛰 기드]	vous guidez [부 기데]
il guide [일 기드]	ils guident [일 기드]
elle guide [엘 기드]	elles guident [엘 기드]

proposer [프로뽀제] 제안하다 (proposé ; proposant)

je propose [쥬 프로뽀즈]	nous proposons [누 프로뽀종]
tu proposes [뛰 프로뽀즈]	vous proposez [부 프로뽀제]
il propose [일 프로뽀즈]	ils proposent [일 프로뽀즈]
elle propose [엘 프로뽀즈]	elle proposent [엘 프로뽀즈]

passer [빠쎄] 지내다 (passé ; passant)

je passe [쥬 빠쓰]	nous passons [누 빠쏭]
tu passes [뛰 빠쓰]	vous passez [부 빠쎄]
il passe [일 빠쓰]	ils passent [일 빠쓰]
elle passe [엘 빠쓰]	elles passent [엘 빠쓰]

rester [헤쓰떼] 머무르다 (resté ; restant)

je reste [쥬 헤쓰뜨]	nous restons [누 헤쓰똥]
tu restes [뛰 헤쓰뜨]	vous restez [부 헤쓰떼]
il reste [일 헤쓰뜨]	ils restent [일 헤쓰뜨]
elle reste [엘 헤쓰뜨]	elles restent [엘 헤쓰뜨]

voyager [부아야졔] 여행하다 (voyagé ; voyageant)

je voyage [쥬 부아야쥬]	nous voyageons [누 부아야죵]
tu voyages [뛰 부아야쥬]	vous voyagez [부 부아야졔]
il voyage [일 부아야쥬]	ils voyagent [일 부아야쥬]
elle voyage [엘 부아야쥬]	elles voyagent [엘 부아야쥬]

montrer [몽트레] 보여주다 (montré ; montrant)

je montre [쥬 몽트흐]	nous montrons [누 몽트롱]
tu montres [뛰 몽트흐]	vous montrez [일 몽트레]
il montre [일 몽트흐]	ils montrent [일 몽트흐]
elle montre [엘 몽트흐]	elles montrent [일 몽트흐]

Français et culture

프랑스어와 문화이야기 (20)

프랑스인처럼 보이는 5가지 표현!

1. C'était génial! [쎄떼 제니얄] 그거 정말 좋았어! (예컨대, 영화나 연극을 관람한 후 흡족했을 때 하는 표현)
2. On y va! [옹‿니 바] 또는 Allons-y! [알롱‿지] 갈까! (자리를 일어나면서 하는 표현)
3. Je n'en sais rien. [쥬 넝 쎄 히앵] 난 아는 거 없는데요. (어떤 사건·사실에 대해 아무 것도 들은 바 없을 때 하는 표현)
4. Vous n'avez pas le droit. [부 나베 빨 드루아] 당신은 그럴 권리가 없어요. (상대방에게 허가되지 않은 사실을 금지시켜야 할 때 말하는 무난한 표현)
5. Prenons un pot! [프르농 앵 뽀] 한 잔 하러 가자!

꼭! 알아둘 동사 찾아보기

김선미

경기대학교 불어불문학과를 졸업하고, 프랑스 국립 엑스-마르세이유대학교에서 언어학 박사학위를 취득하였다. 현재 경기대학교 프랑스어문학과 조교수로 재직 중이다.

저서로는 『언어와 언어학이론』, 『거리에서 배우는 프랑스어』(공저), 『DELF A1』(공저), 『DELF A2』(공저), 『난생처음 프랑스어 쓰기』, 『쉽게 익히는 프랑스어 회화』, 『주제별 프랑스어 생활 작문』, 『매일 프랑스어 일기쓰기』, 『매일 프랑스어 듣기(초급)』이 있으며, 『토끼와 나』, 『몸의 시학』, 『거부할 수 없는 아름다움』(공역), 『그림형제 동화집』을 번역하였다.

허진

부산대학교 불어불문학과를 졸업하고, 프랑스 국립 리옹대학교에서 의미해석이론으로 프랑스어를 분석하여 언어학 박사학위를 취득하였다. 현재 홍익대학교, 경기대학교, 경원대학교에 출강 중이다.

번역서로 『프랑스어학의 이해』가 있으며, 논문으로는 「프랑스 언어학에서의 의미론의 대상과 방법」, 「Comparaison entre concept et sens du signe linguistique」, 「대학 교양프랑스어 강좌의 실태 및 개선방안」 등이 있다.

매일 프랑스어 회화

1판 1쇄 펴냄 • 2010년 4월 20일
2판 4쇄 펴냄 • 2014년 8월 10일

지은이 • 김선미 · 허진
발행인 • 정 현 걸
발 행 • 신 아 사
인 쇄 • 성실인쇄

출판등록 • 1956년 1월 5일 (제9-52호)
서울특별시 은평구 녹번동 28-36
전화 (02)382-6411 • 팩스 (02)382-6401
홈페이지 • www.shinasa.co.kr
E-mail • shinasa@chol.com

ISBN 978-89-8396-685-8 (13760)

정가 13,000원

매일 즐거운 프랑스어 문법

김선미· 곽노경 지음 / 13,000 / 4×6배판 / 278쪽

어느 문법학자의 말처럼 문법은 카드놀이나 퍼즐 맞추기보다 훨씬 재미있는 놀이이다. 다만 부정적인 선입견으로 문법을 흥미롭게 배우려는 마음을 잃어버렸을 따름이다. 이 책은 흥미롭고 체계적인 문법의 문을 학생들에게 열어 주려고 집필되었다.
이 책에는 비동사편을 중심으로 프랑스어 문법의 특징들을 체계적으로 공부할 수 있는 1부와, 동사편을 중심으로 좀 더 깊이 있는 문법을 학습하는 2부, 연습문제로 공부한 내용을 복습하고 활용할 수 있는 3부로 구성되어 있다.

매일 프랑스어 듣기 (초급)

김선미 지음 / 18,000 / 4×6배판 / 226쪽 / MP3 CD포함

『매일 프랑스어 듣기』(초급)는 실생활에서 많이 쓰이는 문장과 짧은 대화문으로 구성되어 발음과 기초문법 등 프랑스어에 대한 기본적인 이해를 갖춘 학습자들이 본격적으로 프랑스어 듣기 훈련을 할 수 있도록 집필되었다.
이 책은 초보자들이 어렵다고 느끼는 숫자와 관련된 듣기를 다룬 1부, 인사·소개·장소 등 13개의 상황에 맞춘 대화를 다루는 2부, 일상생활에서 우리가 많이 접하는 각종 안내 방송을 다루는 3부로 구성되어 있다.

생활 프랑스어 듣기 (중급)

김선미 지음 / 19,000 / 4×6배판 / 292쪽 / / MP3 CD포함

『매일 프랑스어 듣기』가 프랑스어 듣기 입문서라면, 이 책은 기초를 다진 학습자가 심화된 듣기 학습을 할 수 있도록 꾸며졌다. 『생활 프랑스어 듣기』는 틀에 박힌 문장이나 대화문을 피하고 프랑스 현지인들이 실생활에서 자연스럽게 쓰는 문장들을 중심으로 테마를 구성하였다. 따라서 프랑스어 듣기뿐만 아니라 자연스러운 프랑스어 회화를 구사하는데도 도움이 되도록 하였다.

매일 프랑스어 일기쓰기

김선미 지음 / 12,000 / 4×6배판 / 298쪽

『매일 프랑스어 일기쓰기』에는 150개의 일기 예문과, 우리가 일상적으로 많이 사용하는 250여개의 프랑스어 구문, 프랑스어로 일기를 쓸 때 다양하게 활용할 수 있는 단어가 테마별로 수록되어 있다.
이 책은 프랑스어 쓰기 능력을 향상시키고자하는 모든 이에게 유용할 뿐 아니라, DELF를 준비하는 사람들에게도 꼭 필요한 책이다.

주제별 프랑스어 생활작문

김선미 지음 / 12,000 / 4×6배판 / 262쪽

『주제별 프랑스어 생활작문』은 주변의 일상사나 소박한 생각 또는 의견 표현을 통해 자연스럽게 프랑스어와 친해지면서 작문할 수 있도록 만든 학습서이다.
이 책은 작문능력 뿐만 아니라, 독해능력, 회화 능력을 함께 키울 수 있어 DEFL를 준비하는데도 많은 도움이 될 것이다.